크리스마스

차례
Contents

크리스마스의 유래

비밀에 부쳐진 그리스도의 탄생일

성경을 읽다 보면 온갖 궁금증들이 꼬리를 무는데, 이 가운데 하나가 예수 그리스도의 탄생에 얽힌 이야기이다. 성경은 예수가 태어나기 이전인 구약시대의 역사에 대해서도 빠짐없이 기록하고 있다. 예를 들어 세계에서 제일 오래된 절기로 이스라엘 민족이 애굽에서 탈출한 때를 기념하는 유월절은 「레위기」 23장 5절에 "정월 십사일 저녁은 여호와의 유월절이요."라고 기록되어 있다.

또한 예수에 관한 기록은 「마태복음」「마가복음」「누가복음」「요한복음」에서 찾아볼 수 있다. 이 네 개의 복음서 가운데

「마태복음」과「누가복음」은 예수의 탄생에 관한 이야기를 자세히 전한다. 특히 예수의 탄생을 예언한 것은「누가복음」1장 26절-38절, 천사가 요셉에게 마리아의 성령 수태를 설명한 것은「마태복음」1장 18절-25절, 목자들의 경배 사건을 기록한 것은「누가복음」2장 8절-20절, 동방박사들이 아기 예수에게 경배한 사건은「마태복음」2장 1절-12절에 기록되어 있다.

역사적으로 예수의 탄생 시점과 관련하여 주목할 만한 일이 있었다. 당시 로마의 황제였던 가이사 아구스도(아우구스투스)의 명령으로 이스라엘 전 지역에서 호구조사가 실시된 것이다.

다윗의 후손인 요셉은 이 명령에 따라 나사렛을 떠나 고향인 유대로 가게 되었고, 예수는 그곳 베들레헴에서 태어났다. 이때 목자들과 동방박사들이 찾아와 경배했고, 당시 이스라엘을 통치하던 헤롯왕은 유대의 왕이 태어났다는 소식을 듣고, 자신의 왕좌를 지키기 위해 두 살 아래의 모든 남자 아이를 처형하는 만행을 저질렀다고 성경은 전한다.

예수의 탄생과 관련하여 이렇게 자세한 기록이 남아있음에도 불구하고 정작 예수의 탄생일을 모른다는 것은 얼른 납득이 되지 않는다. 더욱이 성경의 저자들이 예수의 탄생일을 몰랐다고 생각하기는 어렵다. 그런데도 복음서 저자들 중에 예수의 제자였던 마태와 요한조차도 예수의 탄생일에 대해서는 함구하고 있다. 이것은 당시 사람들이 예수의 탄생일에 그다지 관심을 기울이지 않았음을 입증해 준다. 예수가 이 땅에 온 목적, 즉 자신들을 고치고 구원하는 일에 모든 관심을 기울였기 때문에, 예수의 탄생일은 오히려 사람들의 관심 밖에 밀려나 있었던 것이다.

어느 누구보다도 누가는 이 문제에 대해 관심을 가졌던 것 같다. 그러나 「누가복음」 1장 3절에 "그 모든 일을 근원부터 자세히 미루어 살핀 나도"라고 적고 있지만, 그 또한 예수 탄생의 정확한 날짜는 밝히지 않았다. 「누가복음」 2장 11절에 "오늘날 다윗의 동네에 너희를 위하여 구주가 나셨으니"라고만 기록하고 있다.

그렇다면 왜 성경에는 예수의 탄생일이 감추어져 있는 것일까? 이처럼 성경에는 특정 사실에 대해 아무런 언급도 되어 있지 않는 경우가 간혹 있다. 모세의 시체와 무덤에 관한 이야기도 감추어져 있다. 「신명기」 34장 6절에 "벧브올 맞은편 모압 땅에 있는 골짜기에 장사되었고, 오늘까지 그 묘를 아는 자 없으니라."고 했다.

또한 예수가 재림할 마지막 심판의 날도 알려주지 않았다. 「마가복음」 13장 32절 "그 날과 그 때는 아무도 모르나니 하늘에 있는 천사들도, 아들도 모르고 아버지만 아시느니라."

이런 사실로 미루어 볼 때, 성경의 저자들이 예수의 탄생일을 몰랐다고는 말하기 어렵다. 또한 실수로 기록하지 않았다고도 볼 수 없다. 그렇다면 의도적으로 감춘 것이라고 보아야 할 것이다. 이러한 날들을 감춘 이유는 사람들이 탄생일 그 자체에 의미를 두어, 정작 중요한 예수는 잊어버리게 될 것을 걱정했기 때문으로 여겨진다. 마치 오늘날의 크리스마스처럼 말이다.

크리스마스 최초의 흔적들

예수 그리스도의 탄생일이 성경에 구체적으로 기록되어 있지는 않았지만, 이 역사적인 사건이 그냥 묻혀 있지는 않았다. 인간의 무한한 호기심은 꼬리를 이었고, 마침내 히폴리투스(Hippolytus)에 의해 그리스도의 탄생일이 현재의 12월 25일로 알려지게 되었다. 히폴리투스는 그리스도의 수태로부터 십자가에 달리기까지 예수의 생애가 33년이었으며, 그 두 사건들은 3월 25일에 발생했다는 확신을 가지고 있었다. 그리고 수태로부터 아홉 달을 계산하여 그리스도의 탄생일이 12월 25일이라는 결론을 얻게 되었다.

그러나 이러한 추정은 역사적인 근거와 자료가 부족했기 때문에 당시 사람들은 이를 지지하지 않았다. 한편 알렉산드리아의 클레멘트(Clement)는 예수의 탄생일을 5월 20일이라고 주장했고, 이외에도 예수의 탄생일을 4월 18일이나 19일, 3월 28일로 보는 사람들이 있었다. 따라서 당시에는 이처럼 다양한 의견들 때문에 쉽사리 예수 탄생일을 정하지 못했다. 다만 그리스도의 수세 또는 영적 출생일을 1월 6일로 정했을 뿐이다.

이와 별도로 필로칼루스력(로마의 관습을 설명한 Ruinart, Acta Martyrum, 336년의 복사본 354년)에서는 12월 25일을 교회의 절기로 지켰다는 기록이 발견되며, 동방 정교회에서는 4세기 초에 주님의 수세일과 영적 탄생일을 1월 6일로 정하고 이를 지켜왔다고 한다.

예수의 죽음과 부활, 그리고 승천 후, 사도들에 의해 세워진 초대 교회는 확장되어 다섯 개의 교구(예루살렘, 안디옥, 콘스탄티노플, 알렉산드리아, 로마)가 생겼고, 이를 중심으로 교회는 성장하였다. 그런데 1054년에 위도상 동쪽에 위치한 4개의 교구(예루살렘, 안디옥, 콘스탄티노플, 알렉산드리아)가 로마 교구를 이단으로 규정하는 사건이 벌어졌다. 그리고 이때부터 현재까지 동방 정교회와 서방(로마 가톨릭) 교회로 분열되어 각기 다른 길을 걷게 되었다.

크게 보면 동방교회와 서방교회, 작게 보면 다섯 개의 교구들은 각기 나름대로 크리스마스 절기 일을 정해 놓고 있었다. 386년 안디옥의 크리소스토무스는 그리스도 육신의 생일은 19년 전까지만 해도 지키지 않았다고 말했다. 11세기의 한 아르메니아 저술가는 콘스탄티노플에서 373년에 이를 처음으로 지켰다고 기록하고 있다. 한편 알렉산드리아에서는 432년부터 지켰으며, 예루살렘 교회는 4세기 중엽부터 549년까지 예수의 수세일인 1월 6일을 지켰다.

로마 농신제와의 관계

지금까지 알려진 크리스마스의 유력한 설 중의 하나는 고대 '로마'에서 지키던 동짓날을 채택한데서 비롯되었다. 당시 '로마'의 이교도들은 동지절(12월 24일~다음해 1월 6일)을 축제적인 명절로 지키고 있었다. 그래서 고대 교회의 '로마' 주교는 기독교가 이교도들을 정복했다는 의미에서 이교의 축제일인 동지를 '그리스도의 탄생일'로 채택했던 것이다.

하지만 히폴리투스가 이보다 먼저 분명히 12월 25일을 지목했었다. 다만 브루말리(해가 길어지기 시작한 날의 축제)라는 절기와 어떠한 관계가 있는지 정확하게 알기는 어렵다.

당시 마니교의 영향을 받아 콘스탄티누스가 일요일(포이부스와 미트라스 신의 날이면서 예수가 부활한 날)을 법적 공휴일로 인정한 것은 4세기의 기독교인들이 하나님의 아들인 예수의 생일을 물리적인 태양의 생일과 동일시하는 데 어떤 타당성을 느끼도록 해 주었을 수도 있다. 하지만 이교도의 축제일을 교회가 아무 생각 없이 무분별하게 받아들여 예수의 탄생일로 지킨 것은 아니다.

'로마' 교회에서 시작한 12월 25일의 절기는 335년 설과 354년 설이 맞서 있다. 이것은 필로칼루스력을 어떻게 보느냐에 따라 기인한 것이다. 즉 원본과 복사본의 날짜에 대한 부정확성에서 온 것이다. '성탄일'은 그 후 동방 교회로 퍼져 나가 '콘스탄티노플(379년)', '카파도기아(382년)' 등에서 지키기 시작하여 교회력의 기원이 되었으며, 현재 세계적으로 통용되고 있는 서력기원이 되었다.

오늘날의 크리스마스가 정착되기까지

성경은 정확하게 12월 25일을 그리스도의 탄생일이라고 언급한 적이 없다. 팔레스타인은 12월이 우기(雨期)에 속하기 때문에 엄밀하게 말해 그날을 크리스마스로 보기 어렵다. 정교회는 1월 6일, 예수의 수세일을 영적 생애라 하여 지키고 있다. 그렇다면 현재와 같이 12월 25일에 크리스마스가 자리 잡기까지 어떠한 우여곡절이 있었는가?

수많은 논쟁과 의견의 차이가 꾸준히 있어 왔다. 현재에도 12월 25일을 예수의 탄생일로 기념하는 것에 반대하는 의견들이 있다. 대표적으로 1644년 올리버 크롬웰 일파가 장악한 의회에서는 교회에서 크리스마스를 지키는 것을 법으로 금지하고, 이 법을 어기는 사람들을 체포하도록 명령하였다. 청교도들은 가톨릭이 정한 크리스마스가 '더럽혀진 인간들이 발광하는 날'이라고 비난했다. 하지만 대다수의 영국인들은 그런 주장에 동의하지 않았다. 이런 이유로 영국에서는 매년 12월 25일이 되면 폭동이 발생하곤 한다.

청교도들의 이런 입장은 굽힐 줄 몰랐으며, 미국에서까지 영향을 미쳤다. 1659년 매사추세츠 주에서는 크리스마스 의식을 갖는 사람에게 벌금을 부과하는 법안을 통과시켰다. 뉴잉글랜드 지역에서도 크리스마스가 법으로 금지되었으며, 이로 인해 영국과 마찬가지로 여러 충돌이 발생했다.

결국 이 법은 영국에서 1660년에 폐지되었고, 미국 매사추세츠 주에서는 21년 뒤인 1681년에 폐지되었다. 이후에도 간헐적으로 1870년대까지 미국 보스턴의 일부 지역에서는 12월 25일에 학생들을 등교시키는 일이 있었다.

중요한 것은 예수의 탄생일이 언제이냐보다 그 의미에 더 초점을 맞추어야 할 것이다. 실제로 성경은 그리스도의 탄생일보다는 '구주'가 태어났다는 사실을 강조하고 있다. "오늘날 다윗의 동네에 너희를 위하여 구주가 나셨으니 곧 그리스도 주시니라."(「누가복음」 2장 11절)

크리스마스의 어원

'크리스마스'의 어원은 그리스도교 예배를 뜻하는 중세 시대의 'Christes(그리스도)'와 'Masse'(미사 또는 예배)에서 찾을 수 있는데, 영국에서 이 두 단어를 결합하여 'Christmas'로 부른 것이 그 기원이다.

그런데 성경 원문에 흥미로운 단어 하나가 발견된다. '$X\rho\iota\sigma\tau\alpha$(크리스토)'는 '$X\rho o\mu\alpha$(크리스마)', 즉 '기름부음'(「요한일서」 2장 20절, 27절)에서 유래된 말이며, 이 말은 '$X\rho\iota\alpha$(크리오)', 즉 '기름을 바르다, 헌신하다'에서 나온 말이다. 헬라어 명사는 주격으로 쓰면 'ς(시그마)'가 붙으며, 결국 '크리스마'를 주격으로 사용하면 '$X\rho\iota\sigma\mu\alpha\varsigma$(크리스마스)'가 된다. 그리스도의 유래가 된 어원인 '크리스마'는 구약에서 제사장, 선지자, 왕에게 기름을 부어 그 직능을 수행하도록 하는 예식 행위라는 의미로 쓰였다. 하지만 신약 성경에서는 오직 예수에게만 사용하는 것으로 알려져 있다.

크리스마스가 되면 크리스마스 트리와 크리스마스 카드 등에 'Christmas'대신 흔히 'X-MAS'를 쓰는 경우가 있다. 그런데 이 용어를 영어 알파벳의 'X'로 이해하면 곤란하다. 여기에서 'X'의 의미는 수학에서 미지의 수를 나타낼 때 사용하는 'X, Y, Z'에서의 의미로, '모른다'의 뜻을 갖고 있다. 'X-MAS'로 쓰게 될 때의 'X' 또한 헬라어의 그리스도를 뜻하는 '크스'를 말한다. 그러므로 읽을 때는 반드시 '크리스마스'로 읽어야 한다.

예수 탄생지 베들레헴

베들레헴은 히브리어로 '뻬엘레헴'이라 한다. 이 뜻은 '빵집' 또는 '음식을 만드는 곳'이며, 아라비아어로는 '고기집'을 의미한다. 베들레헴은 예루살렘 남동쪽으로 9km 떨어진 헤브론과 남부 지방을 연결하는 남북 간선도로 근교에 있다. 베들레헴의 해발 고도는 690m이상으로 높은 지대에 속해 있으므로, 구약시대에는 군사 도시의 역할을 담당했다. 「사무엘하」 23장 14절에는 다윗 시대에 한때 이곳이 블레셋 수비대에게 점령당했다는 기록이 나온다. 후에 여로보암왕은 이곳을 요새로 만들었다(「역대하」 11장 6절).

베들레헴은 구약성경 「미가」 5장 2절에 메시야가 탄생될 것이 예언되어 있었고, 예언대로 이곳에서 그리스도가 탄생했다. 현재 이곳에는 예수 탄생 교회가 세워져 있는데, 애초에 A.D. 135년 로마 황제 하드라안이 2차 유대인 반란을 진압한 후 기독교를 말살하려는 목적으로 예수의 탄생 동굴로 알려진 이곳에 이도니스 신전을 세워버렸다. 그러나 그 후 A.D. 325년 기독교를 공인한 콘스탄틴 대제에 의해 이도니스 신전을 헐고 예수 탄생 교회를 세운 것이다. 그러나 정확히 이곳이 예수가 탄생한 곳인지에 대해서는 아무런 확신도 없다. 이 교회는 A.D. 529년 비잔틴 제국에 반란을 일으켰던 사마리아인들에 의해 크게 손상을 입었지만, A.D. 565년 유스티니아누스 황제에 의해 현재와 같은 모습으로 복원되었다.

당시 교회를 보수할 때 입구의 높이를 1.2m 정도로 낮추고 그 폭도 좁게 만들어 놓았는데, 이것은 약탈자들이 말이나 마차를 타고 교회를 출입하는 것을 막고자 함이었다. 그 후 이 교회를 들어가려면 귀족이나 왕까지도 고개를 숙이지 않고는 교회로 들어갈 수 없게 되었다. 이로 인해 고개를 숙이는 자만이 아기 예수를 볼 수 있다는 말이 생겨났다.

동방박사

동방박사들은 여러 날 동안 사막을 지나고 강을 건너 예루살렘에 도착하였다. 그리고 위대한 구세주가 나타난 일에 대하여 더 잘 알아보고자 왕궁에 들어가 "유대인의 왕으로 나신이가 어디 계시뇨?"(「마태복음」 2장 2절)라고 헤롯왕에게 물었을 때, 헤롯을 비롯한 많은 사람들은 깜짝 놀랐을 것이다. 헤롯이 성경학자들을 불러 메시야가 탄생될 장소가 어디냐고 물었을 때, 그들은 「미가」 5장 2절을 찾아 베들레헴이라고 대답했을 것이다. 거기 보면 "또 유대 땅 베들레헴아 너는 유대 고을 중에 가장 작지 아니하도다. 네게서 한 다스리는 자가 나와서 내 백성 이스라엘의 목자가 되리라."는 기록이 있다. 헤롯은 동방박사들에게 "가서 아기에 대하여 자세히 알아 보고 찾

아기 예수를 경배하러 왔다던 동방박사들.

거든 내게 고하여 나도 가서 그에게 경배하게 하라."(「마태복음」 2장 8절)고 했지만, 실상은 예수를 죽이려는 속셈이었다.

동방에서 보던 그 별이 동방박사들을 이끌더니 어느 사관의 마구간 위에 머물렀다. 이를 본 동방박사들은 크게 기뻐하고 기뻐하며 마구간 안에 잠자던 아기 예수에게 준비해온 황금과 유향과 몰약을 예물로 바쳤다. 돌아 갈 때에 헤롯의 궁에 들르지 말고 다른 길로 가라는 계시를 받은 후 그들은 다른 길로 돌아갔다.

동방박사들은 어디서 온 것일까?

「마태복음」 2장 1-2절에서 '동방'으로 번역된 성경 원문 헬라어 '아포 아나톨론'은 '빛이 떠오름, 오름, 일어남'의 뜻으로 태양이 떠오르는 곳, 곧 동쪽을 가리키는 말이다. 팔레스타인에서 동쪽은 가깝게는 바벨론이나 페르시아, 메데, 아라비아이며 멀리는 인도나 중국을 가리킨다. 이외에 문화가 발달한 지역일 것이라는 관점에서 소아시아, 애굽(이집트), 인도, 그리스 등지로 보는 학자들도 있다. 이렇게 다양한 견해 중에 '동방'이 바벨론을 지칭한다는 견해가 가장 설득력이 있다. 왜

나하면 바벨론에는 예루살렘에 상당한 영향을 미쳤던 유대인 포로들이 정착해 있었기 때문이다. 즉 동방박사들이 메시야 사상을 알고 있었다는 것은 구약의 예언을 알고 있었다는 말이기도 하다. '박사들'로 번역된 헬라어 '마고이'는 '마고스'의 복수 형태이다. 우리는 흔히 세 가지 예물 때문에 동방박사가 세 사람이라고 단정하곤 하는데, 정확한 수는 알기 어렵다.

'마고이'는 개역 한글 성경 주석에 '점성가들'이라고 되어 있어 박수나 점쟁이 등의 엉터리 마술사로 오해하는 경향이 있는데, 이는 결코 엉터리 점쟁이를 일컫는 것은 아니다. 당시 '마고이'는 신통력을 지닌 메데, 바사, 바벨론의 제사장을 언급할 때에 주로 사용한 단어이다(「다니엘」 2장 2절, 48절). 특히 이 용어는 이미 600년 전부터 바벨론의 모든 박수와 술객, 갈대아 술사, 점장이 어른을 불렀던 말이다. 구약성경 「다니엘」 5장 7절, 11절에서는 다니엘을 부르는 명칭으로도 사용되었다.

한편 초대교회 전승에 따르면 터툴리안(Tertullian, A.D. 255년경 사망) 당시 '마고이'가 왕이었다고 전한다. 아마도 이것은 구약성경에 메시야가 탄생할 때 왕이 와서 경배할 것이라는 예언들(「시편」 68편 29절, 31절, 72편 10절, 11절, 「이사야」 49장 7절, 60장 1-6절)의 영향을 받은 데서 비롯된 것으로 보인다.

한편 '마고이'는 고대 페르시아어로는 '마기(magu, magi)'인데 고대 메데인들의 마술사 계급으로 헤로도투스의 진술에 근거되어 있다. 메데인들이 부른 '마기'는 인도의 브라만 계급과

15

맞먹는 사제 급으로 보고 있다. 또한 헤로도투스는 페르시아 사제들이었다고 진술한다. 당시 페르시아의 종교는 조로아스터교였으므로 '마기'는 조로아스터교의 사제들이었다는 것이다. 그러나 '마기'는 당시 페르시아를 넘어 먼 곳에까지 퍼져 있었다. 스트라보와 플루타크 같은 저술가들은 지중해 지역에 있는 '마기'에 대해 잘 알고 있었다는 것이 이를 증명한다.

위와 같은 자료들을 종합해 볼 때, 아기 예수를 경배하러 온 동방의 박사들은「다니엘」및 메시아에 관한 구약의 사상을 이해하고 있었던 바벨론이나 메데 출신의 천문학과 점성학에 해박한 지식을 지닌 존귀한 자들로 추측해 볼 수 있을 것이다.

그러나 동방박사를 언급한 저자 마태가 '마기'의 정체를 밝히지 않았기 때문에, 우리도 이를 함부로 단정하기는 어렵다. 분명한 것은 동방박사가 히브리인은 아니고, 동방으로부터 별을 보고 왔으며, 예수께 경배하고 예물을 드렸다는 사실이다.

6세기에 이르러 동방박사의 이름이 '멜콘(Melkon, 후에는 Melchior)', '발사살(Balthasar)', '가스퍼(Gasper)'로 알려졌다. 그리고 이들에 관한 다음과 같은 이야기가 전한다.

가스퍼와 발사살과 멜콘이 낙타를 타고 별을 따라갔다. 그런데 박사 가운데 제일 젊었던 탈쉬쉬의 왕 가스퍼가 타고 가던 낙타가 사막 한 가운데에서 뱀에게 물려 죽고 말았다. 모두가 당황하여 얼마 동안 서성거리다가 하는 수 없이 가스퍼를 남겨놓고 두 사람만 떠나기로 했다.

발사살과 멜콘이 얼마를 가다가 그만 별을 잃어 길을 잃고 방황하다가 다시 되돌아왔는데, 그때까지 가스퍼는 오지도 가지고 못하고 서성거릴 뿐이었다. 그러자 두 사람은 의논하여 셋이서 약대를 번갈아 타면서 다시 길을 떠나기로 하였는데, 신기한 것은 보이지 않던 별이 다시 나타나 그들의 길을 인도했다는 것이다.

그 후 그들에게는 한 사람의 기쁨은 세 사람의 기쁨이 되었고, 한사람의 슬픔은 세 사람의 슬픔이 되었다. 이렇게 세 사람은 사랑의 협조를 통해 어려운 사막 길을 무난히 통과하여 유대의 예루살렘에 이르게 되었고, 또다시 거기서 별을 따라 아기 예수를 만날 수 있었다.

쾰른 대성당에 있는 동방박사의 유골은?

로마 가톨릭에서는 매년 1월 6일을 동방박사(3왕)의 참배일 (공현축일)로 지킨다. 이 행사는 동방박사의 세 손가락뼈가 안치되어 있는 독일의 쾰른 성당에서 의미 있게 거행된다.

전설에 따르면 콘스탄티누스 황제의 어머니인 성 헬레나가 세 사람의 유골을 성지에서 발견해 콘스탄티노플로 옮겨 안치했다고 전해진다. 이 이야기는 밀라노의 주교를 지낸 에우스토르기우스의 전기에 등장하면서 알려지기 시작했다. 그에 따르면 4세기 말경 비잔틴 황제가 콘스탄티노플에서 유골들을 밀라노에 선물로 보내왔다고 한다. 그리고 1158년 목격자에 의하면 이 유골들은 황제 바르바로사의 재상이었던 라이나르트 폰 다제르가 힘을 써 밀라노에서 다시 독일의 쾰른으로 옮겨와 현재까지 동방박사 세 사람의 유골이 보관되어 있다고 전해진다.

문제는 이 주장을 뒷받침할 만한 근거가 전혀 없다는 데 있다. 헬레나가 성지에서 박사들의 유골을 찾아냈다는 역사적인 기록이 전혀 없기 때문이다. 또한 헬레나와 박사들의 유골에 대한 언급은 12세기 쾰른에서 집필된 「에우스토르기우스」에만 등장하기 때문에 진의를 더욱더 의심받고 있다. 더 결정적인 것은 「마태복음」에서 동방박사들은 예수께 경배하고 곧장 돌아갔다고 기록되었다는 데 있다.

그렇다면 어찌하여 동방박사들의 유골이 쾰른에 안치되어 있고, 손가락 뼈들이 힐데스하임에 보관되어 있다는 말이 나온 것일까? 여기에는 당시 로마 교황과 황제간에 주도권 다툼이 개입되어 있었던 것으로 보인다. 동방박사들의 유골이 보관되어 있다는 소문이 돌자 쾰른은 곧바로 중요한 순례지가 되었다. 재상 라이나르트 폰 다제르는 동방박사의 유골 가운데 손가락 뼈 몇 개를 힐데스하임 대성당에 기증함으로써 그 소문을 더욱 확실히 했다. 다제르는 그리스도가 베드로를 자신의 대리자로 세우기 이전에 이미 세속 지배자의 예물과 예배를 받았다는 점에서 왕권의 우위를 내세우고자 했던 것이다.

다제르의 엉뚱한 생각으로 실상 피해를 입은 것은 동방박사들이었다. 전례대로라면 동방박사들은 성인의 반열에 오르게 되어있었는데 로마 가톨릭은 쾰른과의 불편한 관계로 인해 동방박사들을 성인으로 받드는 계획을 취소해 버린 것이다. 황제에게 봉사하는 박사들을 축성할 필요가 없었기 때문이었다.

동방박사를 인도한 별

동방박사들을 인도한 별은 실제로 존재했던 것일까? 성경에서 이 별은 「마태복음」 2장 1-12절에서만 발견된다. '별'은 성경 원문의 헬라어로는 '아스테라'인데 이 용어는 여러 사본에서 반복적으로 '동방에서 보던'이라는 어구로 나타난다.

페르시아 시대의 신바빌로니아의 기록들은 우리의 흥미를 끌기에 충분한 자료들이 있다. 현대 과학이 볼 때, 신비주의적이고 미신적으로 보일지 몰라도 그들이 사용한 방법은 놀랍도록 정확했다. 당시에 흑성의 위치 추산력(推算曆)과 달이 빛을 내는 조건과 같은 점성학적 연구가 활발했다. 이러한 보고는 왕실 담당 관리자에게 넘겨졌고 당시의 연대기와 흑성의 성위(星位)를 재구성할 때 매우 중요하게 사용되었다.

18세기 합리주의 시대에 유럽의 학교에서는 성서의 내용 중 이처럼 설명하기 어려운 문제들을 자연적인 과정에서 해결하려 했다. 그중 가장 일반적인 이론으로는 당시 정체불명의 혜성이 지나갔으며, 밤과 낮 어느 때나 명확히 시야에 나타났다는 것이다. 보통의 별보다 몇 배 더 밝은 초신성(超新星)이 나타났고, 그 별의 밝은 빛이 동방의 박사들에게 보였다는 것이다. 17세기 합리주의적 주석가들은 유성들이 한데 모여 가장 잘 볼 수 있도록 한 개의 별이 되었다고 말한다. 그러나 이와 같은 현상에 대해 뒷받침할 만한 증거는 없다.

동방박사의 예물

동방박사가 세 사람이라는 증거는 없다. 그럼에도 불구하고 세 사람일 것이라고 추측하는 것은 박사들이 가지고 온 세 가지 예물 때문이다. 이들이 드린 예물은 모두가 귀한 것으로서 황금과 유향과 몰약이었다. 당시 한 나라의 최고 통치권자나 고귀한 사람을 만나게 되면 그에게 충성을 다짐한다는 의미로 특별한 예물을 바치는 것은 상식적인 일이었다. 그러나 동방박사가 예수에게 바친 이 예물은 그보다 더욱 특별한 의미를 지니고 있다.

황금

황금은 동서고금을 막론하고 변하지 않는 금속으로 최고의 부를 상징한다. 이는 세상 만물을 소유할 절대 권위를 가진 왕으로 인정하는 표시였다. 전설에 따르면 백발과 흰 수염을 한 멜콘(Melkon)이 이 예물을 바쳤다고 한다.

유향

유향은 아라비아 지방의 관목에서 채취한 향기로운 송진으로 성전 제사나 헌물로 자주 사용되었다. 이는 신성한 제사장 권위의 표시로서 예수를 제사장으로 인정하는 예물이었다. 전설에 의하면 젊은 청년 가스퍼(Gasper)가 이 예물을 드렸다고 한다.

몰약

몰약은 시체의 부패를 막기 위해 사용한 매우 비싼 방부제로서 일부 부유한 계층만이 이것을 사용할 수 있었다. 이는 인류를 구원할 예수의 죽음을 준비하는 예물이었다. 전설에 의하면 검은 얼굴에 수염이 많았던 중년의 발사살(Balthasar)이 이 예물을 드렸다고 한다.

아기 예수는 이후에 애굽으로 피난을 가게 되는데, 이 때 이들이 드린 예물은 매우 귀하게 사용되었을 것이다.

그림의 주제가 된 동방박사

동방박사들이 아기 예수에게 경배하기 위해 별을 따라 길을 떠나고, 예수를 만나 기뻐하며 예물을 바치는 장면은 기독교 미술에서 가장 많이 다루어진 주제 중 하나이다. 가장 오래된 작품은 2세기경 로마 카타콤 내부에 그려진 프레스코화이다. 4세기 이전까지는 그리스도교가 국교로 공인되지 않아 많은 그림이 남아있지 않았다는 것을 고려하면, 동방박사는 당시 매우 사랑받던 미술의 주제였던 것은 분명하다.

동방박사가 그림의 주제로 많은 사랑을 받은 까닭은 그리스도의 신성을 이방인들에게 나타내기 위함이었다. 동방박사가 이교도임에도 불구하고 그리스도를 찾아왔고, 그에게 경배하며 예물을 드렸다는 것은 그리스도를 팔레스타인 세계 밖으로 확장하는 의미가 있다. 2~6세기 초대교회의 그림에는 동방박사가 두 명에서 다섯 명까지 다양하게 나타나고 있으며, 로마식으로 변형된 페르시아 복장, 즉 프리지아 모자와 짧은 망토 및 튜닉과 몸에 붙는 바지를 입고 있다. 대개는 보좌에 앉은 마리아와 아기 예수에게 양옆으로 다가가 경배하며 예물을 바치고 있는 모습이다.

4세기 이후에는 신약 성경의 다른 주제들과 함께 초대교회의 바실리카를 장식하는 데 사용되었다. 5세기 말에 오자 동방박사는 세 사람으로 왕권과 신성과 희생을 상징하는 예물의 수에 맞추어 규정되었다. 6세기 말경에 이르면 동방박사는 전설상의 인물로 등장한다. 멜콘(Melkon, 후에는 Melchior)은 긴 구레나룻의 노인으로 나오며, 발사살(Balthasar)은 구레나룻을 약간 기른 중년 남자로, 가스퍼(Gasper)는 청년으로 묘사되었다.

10세기 이후에 동방박사들이 왕이었다는 주장과 함께 박사들이 프리지아 모자 대신 왕관을 쓴 모습으로 등장하기도 한다. 동방교회에서는 경배하는 모습이 예수 탄생의 일부분으로

보티첼리 1475~80년경 작품. 템페라. 패널 111×134cm. 산타 마리아 노벨라 성당의 제단화. 이 그림은 역사적 현실을 떠나 보석과 같은 색채와 넓은 무대장치에 의해서 활기에 넘치는 찬란한 화면으로 묘사되어 있다.

자주 등장하고, 서방교회에서는 별도의 주제로 취급되었다. 14~15세기에는 점점 화려해져 박사들의 수많은 수행원들이 묘사되었으며, 그 결과 구경꾼들 가운데 미술가 자신의 후원자들의 초상화를 삽입하는 기발한 착상이 출현되기도 했다.

15~16세기 이탈리아의 문예부흥 운동으로 르네상스 전성기에 오자 레오나르도 다빈치와 알브레흐트 뒤러, 지오르지오네 등의 화가들에 의해 완성된 매우 온화하고 부드러운 작품들이 나오기 시작하였다. 이후 동방박사의 경배 장면은 대중 미술화 되었고, 오늘날에는 크리스마스 카드에 많이 등장하는 캐릭터가 되었다.

크리스마스와 캐럴(Carol)

캐럴이란?

크리스마스의 전통과 관습 중에서 가장 즐겁고 빼 놓을 수 없는 것은 캐럴을 부르는 것이다. 캐럴은 프랑스 말 'carole'에서 온 말로 중세 프랑스에서 둥근 원을 만들어 춤을 추었던 원무(圓舞)를 일컫던 말이었다. 이 원무는 동지 때 가졌던 축제에서 사용한 무곡이었다고도 한다. 그러나 좀 더 추적해보면 라틴어 'corolla', 희랍어 'choros'로까지 거슬러 올라간다. 캐럴과 비슷한 유사어로는 프랑스어 'Noël(노엘)'과 독일어 'Wiegenlied(비겐리트)'가 있다.

영국에서는 13세기 말에서 14세기 초에 '여름이 왔도다'와 같은 유명한 윤창, 곧 카논(돌림노래)이 만들어졌다. 4개의 성부(聲部)인 소프라노, 테너, 알토, 베이스가 장조의 선율을 돌림노래로 뒤쫓아 부르고, 다시 2개의 하성부(베이스, 알토)가 반복해서 낮은음을 붙여나가는 곡이었다. 이런 구성 기법은 당시 유럽 대륙에서도 없는 것은 아니었으나, 그것이 꾸준하게 추구되었을 뿐만 아니라, 매력 있는 형태로 나타났다는 점에서 당시 영국의 높은 음악 수준을 확인할 수 있다.

카논(돌림노래)에 이어 14세기부터 15세기에 영국에는 독특한 기법을 활용한 여러 악곡들이 만들어지고 있었다. 그 곡의 작곡가들을 지금은 알 수 없지만, 이 곡들의 공통적인 특징은 다음과 같다. 먼저 영국인들은 3도와 6도의 어울림에 강한 애착을 가졌다. 두 번째 특징은 성부의 수가 3성인 것이 대부분이지만, 영국에서는 하나의 악곡에서 성부가 3성으로 되기도 하고, 때로는 2성으로 심지어는 단성으로까지 되는 경우가 있어 울림(소노리티)의 변화를 꾀하고 있다는 것이다.

영국 음악의 이러한 특징에 비해 유럽 대륙은 3성이라면 처음부터 끝까지 3성으로 일관되게 밀고 나가는 것이 특징이다. 이런 영국의 특유한 기법에 의해 작곡된 곡 가운데서 대표적인 음악의 형태가 캐럴이었다.

그래서 캐럴은 3성으로 되어있는 것이 보통이지만, 때로는 2성으로 되기도 하고 단성으로 되기도 해서 영국적인 특징을 보이고 있다. 6개의 화음을 사용한 캐럴에서도 역시 두드러졌고, 가사는 영어를 사용하면서도 군데군데 라틴어를 섞어 넣

기도 하였다.

그러나 원래 캐럴은 14세기에 춤을 위해 만들어진 후렴 또는 반복이 그 특징을 이루고 있다. 캐럴은 춤출 때 사용하는 율동적인 노래를 일컫는 말이기 때문에, 캐럴이라고 해서 모두 다 크리스마스와 관계를 맺는다고 할 수는 없다. 하나의 곡이 캐럴인지 아닌지의 판단은 가사가 아닌 음악적 형식으로 판단하기 때문이다.

캐럴은 보통 '버든(Burden)'이라 불리는 후렴이 각 절의 가사 끝에 있느냐에 따라 결정 되었는데 이것을 형식으로 보면 'B, V1, B, V2, …… B'의 형식을 갖는다. 이와 같은 형식으로 되어 있는 것을 캐럴이라 불렀기에, 캐럴은 엄밀하게 말하면 우리가 현재 아는 것처럼 크리스마스에 관한 노래만을 한정해서 일컫는 말은 아니다. 당시 캐럴은 다양하게 사용되었다. 대부분의 캐럴이 동정녀 마리아, 아기 예수 등을 주제로 하여 크리스마스 노래인 것 같으나 실상은 부활절 캐럴도 있고, 고난절, 승천일, 성령강림 주일 등 교회력의 모든 절기에 맞는 캐럴이 있다.

옥스퍼드 대학에서 출판한 *The Oxford Book of Carols*라는 책을 보면 모든 절기에 맞는 캐럴 200여 곡이 실려 있다. 대부분의 캐럴은 라틴어와 영어, 두 언어를 섞어 쓰는 특징이 있다. "저들 밖에 …… 노엘, 노엘", "천사 찬송하기를 …… 글로리아(영광)" 등은 그 좋은 예이다. 15세기에 캐럴은 대중적인 종교 가곡이었고, 프랑스에서는 론도(rondeau), 비렐레이(virelai),

발라드(ballade)와 견줄 수 있는 것이었으며, 영국에서는 가장 중요한 음악 형식이었다.

종교개혁 때에는 프로테스탄트주의의 성장이 영어 캐럴의 본질을 변화시켰다. 잉글랜드 공화국 시기 동안 크리스마스 축제에 부과된 금지령이 해제된 이후, 민요 캐럴을 부르는 것이 부활되었고, 이는 18세기 내내 유지되었다.

캐럴의 중요성은 화성보다는 선율과 리듬에 있다. 일반적으로 캐럴은 즐거운 노래라는 특징이 있고, 대중에게 많이 불려지도록 만들어졌다. 캐럴은 본래 교회의 절기 때마다 부르는 모든 노래를 일컬었지만, 특별히 크리스마스 노래를 지칭하는 경우가 많다. 크리스마스 캐럴을 독일에서는 '바이나흐트 리트(Weihnacht lied)'라고 하는데, 이는 영어로 'Christmas eve song'이란 뜻이다. 프랑스에서는 이를 '노엘(Noël)'이라고 하는데, 노엘이란 말은 영국으로 건너와 '노웰(Nowell)'로 바뀌었다.

캐럴의 내용

마구간 앞에서 춤을 추고 노래를 부르는 행사는 성 프란체스코(St. Francesco, 1181~1226)에 의해 처음 시작되었으며, 예수의 탄생을 기념하는 행사로 자리를 잡았다. 바로 여기에서 부른 노래와 춤이 캐럴이고 원무이다. 고대 캐럴이 수록된 한 잡기장(雜記帳)이 1850년에 발견되었는데, 그 잡기장은 리처드 힐(Richard Hill)이란 영국의 한 식료품 가게 주인이 1500년부터 1536년 사이에 자기가 기억해야 할 모든 것을 기록해 둔 것이었다.

그는 무게 환산표에서부터 장날, 약 처방, 음식 조리법, 자녀들의 생일, 맥주 만드는 법, 수수께끼, 글 맞추기, 영어·불어·라틴어 시 등과 함께 그 시대의 캐럴을 기록해 두었다. 즉 구전으로 내려오거나 민속악 수집가들에 의해 수록·편집된 캐럴 등을 작은 책에 인쇄된 낱장으로 기록해 두었던 것이다. 오늘날 이를 통해 옛 캐럴의 모습을 짐작할 수 있다.

그리스도의 탄생이 들에서 양을 치던 목자들과 깊은 관련이 있기 때문인지 특히 프랑스 캐럴은 목가적이고 전원적인 요소가 많다. 이탈리아의 나폴리 같은 지방에서는 크리스마스가 되면 언덕 위 목장에서 목동들이 내려와 마구간 앞에서 춤을 추며 캐럴을 부르는 풍습이 있었다고 한다. 헨델(Handel)이 작곡한 「메시야」 중에 전원 교향곡은 크리스마스와 함께 빼놓을 수 없는 목자들에 관한 모습을 그린 것이다.

당시 목자들이 백파이프(bagpipe)로 연주하던 음악을 헨델이 그대로 전원 교향곡으로 만든 것이어서, 밑의 저음은 같은 음이 계속되는 통주음(通奏音)을 사용하였고, 그 위에 고음이 화려하고 맑고 조용히 움직이는 선율로 되어 있어 평화로운 베들레헴의 들과 잠자는 양떼들, 차가운 밤하늘과 별빛을 잘 묘사했다고 평가받는다. 이 음악이 끝나면 목자들에게 천사들이 나타나 '주께 영광(Glory to God)'을 노래하는 순서가 이어진다. 캐럴 중에는 천사들의 노래가 많이 있는데, 이것은 예수의 탄생을 축하하는 역사상의 첫 캐럴을 천사들이 하늘에서 불렀기 때문이다. 천사들의 찬양을 주제로 하는 캐럴 가운데 널리 알려진 것은 「천사 찬송하기를 ……」 「하늘 위의 천사들 …… 영광」 등이 있다.

목자들이 들에서 양을 치는데 "홀연히 허다한 천군이 그 천사와 함께 있어 하나님을 찬송하여 가로되 지극히 높은 곳에서는 하나님께 영광이요, 땅에서는 기뻐하심을 입은 사람들 중에 평화로다."(「누가복음」 2장 12-13절)라고 찬양하였다고 기록하고 있으나, 그 멜로디는 물론 리듬과 화음이 어떠했는지는 애석하게도 알 길이 없다. 당시 천사들의 합창이 어떤 것이었는지 실로 궁금하기 그지없다. 많은 작곡가들이 그 천사들의 찬송을 캐럴로 작곡해 놓았는데 과연 얼마나 그때의 천사 노래에 흡사한지는 알 길이 없다. 캐럴 중에는 크리스마스와 관련된 재미있고 진귀한 아이디어를 내용으로 한 것이 대단히 많은데, 이런 것들은 본래 캐럴이 춤을 추기 위한 노래이고, 즐겁고, 흥겹고 경쾌한 기분을 노래하기 위한 것이기 때문에 당시 예배에서 부를 수는 없는 곡들이 많았다.

특히 성경적인 주제가 아니라 풍습에서 기인한 「Jingle Bells」, 「산타클로스가 마을에 오네 Santa Claus is Coming to Town」 「빨간코 루돌프 Rudolf the Red-nosed Reindeer」 「White Christmas」 「I Wish You a Merry Christmas」 등은 예배에서 부를 수 없는 캐럴들이다.

캐럴링(Carolling)

19세기 초 영국에서는 크리스마스 시즌이 되면 각 집을 방문하여 캐럴을 불러주는 관습이 있었다. 부락의 아이들이 크리스마스에 쓸 자금을 모으기 위하여 11월말부터 각 집을 돌아다니면서 캐럴을 부르곤 했던 것이다. 미국 작가 워싱턴 어빙(Washington Irving, 1783~1859)이 1820년 영국을 방문했을 때, 크리스마스 날 밤 창문 밑에서 들려오는 합창단의 아름다운 캐럴 소리에 잠이 깼다고 한다. 그 합창단은 10여 명의 옆동네 사람들로 구성되어 있었는데, 집집마다 돌아다니면서 창문 밑에서 노래를 부르는데, 그 화음이 서투르긴 해도 아름다웠다고 기록하고 있다.

캐럴링은 그리스도 탄생의 기쁜 소식을 천사들이 찬양으로 전했던 것처럼 크리스마스 새벽이면 구주 탄생의 기쁜 소식을 집집마다 전한다는 의미로 받아들여졌다.

한국에서도 6.25후 얼마 전까지만 해도 크리스마스 새벽이면 집집마다 돌아다니며 이 캐럴링의 전통을 유지했었다. 아직까지도 시골 교회나 극히 일부의 교회에서 캐럴링을 하고 있다고 한다.

크리스마스 캐럴 이외의 캐럴

캐럴은 크리스마스 캐럴만 있는 것이 아니라고 이미 언급한 바 있다. *The Oxford Book of Carols*를 보면 일 년 열두 달 교회력에 따라 200여 개의 무수히 많은 캐럴이 있었다는 것을 확인할 수 있다. 캐럴은 교회에서뿐만 아니라 야외나 무도회, 음악회 그리고 집에서 광범위하게 불려질 수 있었다.

우리가 캐럴을 크리스마스 음악이라고 생각하는 것은 많은 캐럴이 크리스마스를 주제로 하여 씌어졌기 때문이다. 마치 한때 기타에 맞추어 가스펠 송(실제로는 포크송[folk song]이라 해야 옳다)을 즐겨 불렀듯, 캐럴을 계절과 교회력에 맞추어 교회의 모임과 그룹 활동, 청년회 등의 모임과 예배에 두루 사용한다면 즐거운 기분을 북돋우어 줄 뿐만 아니라 은혜와 감명도 받을 수 있을 것이다.

캐럴은 어원상 우리 전통의 강강술래와 비슷한 의미를 지니고 있기에, 기독교인이 아니라 할지라도 흥겹게 즐길 수 있는 좋은 문화이다. 가족과 함께 또는 소그룹이 함께 부를 수 있는 건전한 노래 형태가 없는데, 우리의 강강술래와 캐럴이 접목된 형태의 현대 음악이 나온다면 좋겠다.

캐럴 복원 운동

17세기에 영국과 스코틀랜드의 청교도들은 위에서 언급한 바와 같이 종교적인 축제를 지키는 것을 부정했을 뿐만 아니라, 크리스마스 캐럴을 비롯한 모든 종류의 크리스마스 축하 행사를 금지시켰다. 그러나 청교도들의 세력이 약해지면서

1660년부터 영국에서 크리스마스 축제 복원 운동이 시작되었다. 그럼에도 스코틀랜드의 장로교회에서는 여전히 크리스마스를 지키지 않았고, 대신 정월 초하루를 크리스마스 못지않게 즐겁고 흥겨운 명절로 지냈다. 오늘날 우리나라에서도 많은 교회에서 신년 예배를 드리고 있는데 이것이 바로 스코틀랜드 교회의 영향이라고 볼 수 있겠다.

이와 같은 청교도들의 극심한 캐럴에 대한 핍박으로 캐럴의 본래 의미가 희석되기에 이르렀다. 하지만 이러한 상황을 안타까워하며 캐럴을 복원시키려는 두 사람의 캐럴 애호가가 있었다. 이 중 한 사람은 잊혀져 가는 캐럴의 멜로디를 살리는 데 힘을 쏟았다. 1831년 윌리엄 파커(John William Parker)의 책 *Christmas Carol*과 데이비스 길버트(Davies Gilbert)의 *Some Ancient Christmas*는 최초로 인쇄된 근대 캐럴의 효시이다. 윌리엄의 책은 음악적인 수준이 미흡했음에도 불구하고 1857년에 재판되었다. 이와 별도로 영국 감리교회의 찰스 웨슬리(Charles Wesley)를 중심으로 캐럴 부흥 운동이 시작되어 많은 캐럴이 새로운 양식으로 만들어지기 시작했다.

예를 들면 「천사 찬송하기를 ……」 또는 「첫 번째 노엘」 등 찬송 스타일의 캐럴이 등장한 것이다. 미국 대륙에 건너간 청교도들도 처음에는 크리스마스를 지키지 않았고, 따라서 캐럴도 가지고 가지 않았다. 그래서 미국에서도 캐럴은 상당히 오랜 시간이 지나서야 다시 사람들의 귓가에 들릴 수 있게 되었다. 미국 목사 홉킨스(J. H. Hopkins)가 「동방박사 세 사람

……」을 쓰게 된 것이 1857년경이고, 보스턴의 Trinity(트리니티, 삼위일체) 교회의 목사였던 필립 브룩스(Philip Brooks)가 「오, 베들레헴 작은 골 ……」을 쓴 것이 1868년의 일로 이때부터 신대륙에도 옛 캐럴의 전통이 복원되어 전파되어 나가게 되었다.

19세기 후반에 오자 많은 작곡가에 의해 캐럴의 홍수가 일어났다. 그러나 이 시대에 만들어진 캐럴은 불행하게도 인정받지 못하는 것이 많았다. 하지만 다행스럽게도 조지 우드워드(George R. woodward)가 쓴 *Cowley Carol Book*에 의해 이런 우려를 씻어낼 수 있었다. 1928년에 퍼시 디어머(Percy Dearmer), 보간 윌리엄즈(Vaughan Williams), 마틴 쇼(Martin Shaw)에 의해 편집된 *Oxford Book of Carols*라는 책은 15세기에 누렸던 캐럴의 번영과 생명력을 회복시키며 대중화시키는 데에 큰 역할을 한다. 캐럴의 특징은 단순하면서도 힘이 있고, 정직함을 표현해 주는 것이다. 오늘날에도 100년 전에 그랬던 것처럼 적당히 만들어진 상업주의적 형태를 띤 사이비 캐럴이 난무한다.

「고요한 밤 거룩한 밤」 일화

1818년 독일의 성 니콜라스 교회에 크리스마스 전야 축하예배를 드리기 위해 많은 사람들이 모여들었다. 니콜라스 교회는 스키장으로 잘 알려진 알베르크 근처에 있어 화이트 크리스마스의 분위기로 절정을 이루고 있었다.

그런데 예상치 못한 일이 벌어졌다. 크리스마스의 분위기를 흠뻑 느끼게 해 주어야 할 교회 오르간이 고장나 버린 것이다. 당황한 요셉 모르(Joseph Mohr, 1792~1848) 목사는 즉석에서 곡을 쓰고 교회의 오르간 반주자였던 프란츠 그루버(Franz X. Gruber, 1787~1863)에게 가벼운 기타 반주곡을 작곡하게 했다. 그루버는 오스트리아 태생으로 아버지의 뜻을 따라 아마포를 짜는 직공이었으나 틈틈이 음악을 공부하여 당시 교회 반주자로 활동하고 있었다.

　이 늦은 저녁에 갑자기 기적처럼 새로운 찬송가 하나가 탄생하게 된 것이다. 그것이 바로「고요한 밤 거룩한 밤」이다. 이날 밤 오르간이 고장 나지 않았다면, 이 조용하고 아름다운 찬송을 우리는 들을 수도, 부를 수도 없었을 것이다.

　이렇게 만들어진 찬양의 힘은 1차 세계대전 당시에도 평화의 상징으로 불려졌다.

「고요한 밤, 거룩한 밤」이 만들어졌던
성 니콜라스 교회.

　추운 겨울, 최전선에는 불과 10여 미터의 간격을 두고 연합군과 독일군이 긴장된 대치가 계속되고 있었다. 치열하고 비참한 격전의 전장 속에 맞이한 12월 24일 밤은 흰 눈 웅덩이에 웅크리고 앉은 병사들에게 있어 아군이든 적군이든 간에 모두 가족과 함께 즐겁게 보내던 평화스러운 크리스마스 이브의 기억들이 떠올랐다는 것은 두말할 나위도 없을 것이다. 이 때 누군가가 휘파람으로 「고요한 밤 거룩한 밤」의 크리스마스 캐럴을 부르기 시작했으며, 전장의 포성을 대신하듯 너나 할 것 없이 하나둘 휘파람을 따라 부르기 시작했다. 젊은 병사들의 눈에는 고요히 흐느껴 우는 병사도 많았다고 한다.

이윽고 연합군의 한 병사가 벌떡 일어나서 적진을 향해 크게 외치기를 "여러분! 오늘 밤은 크리스마스 이브이니, 우리 모두 총과 무기를 내려놓고 내일 자정까지 휴전을 하고 크리스마스를 축하하는 것이 어떻겠소!"라는 제의를 하였다. 잠시 긴장의 적막 속에 독일군 진지에서 장교 한사람이 일어나 "좋소! 찬성입니다. 지금부터 내일까지는 신성한 크리스마스이니 휴전합시다." 이 말이 떨어지기가 무섭게 모든 병사들은 자리에서 일어나 함성을 지르며 전선 한복판에 뛰어나와 서로에게 악수를 청하며 크리스마스 캐럴을 합창하기 시작했다.

크리스마스 풍습의 유래

크리스마스 트리

　고대 유럽인, 특히 스칸디나비안들은 예전부터 나무를 숭배하는 풍습이 있었다. 중국과 히브리인, 이집트인들도 전나무, 소나무를 영생의 상징으로 생각한다. 이들은 그리스도교로 개종한 이후에도 이러한 관습을 버리지 못하고 있었다. 대부분 이러한 관습은 마귀를 쫓고 겨울에 새들의 보금자리를 만들어 주기 위한 것이었다.

　특히 잣나무는 노아의 방주를 만들 때 사용했으며(「창세기」6장 14절), 전나무는 다윗이 하나님을 찬양하기 위해서 만든 악기인 수금과 비파, 소고, 양금과 제금을 만드는 재료로 사용되었다(「사무엘하」 6장 5절). 또한 이것들은 이스라엘의 번영의 상징으로 "레바논의 영광 곧 잣나무와 소나무와 황양목이 함께 네게 이르러 내 거룩한 곳을 아름답게 할 것이며 내가 나의 발 둘 곳을 영화롭게 할것이라."(「이사야」 60장 13절)고 했다.

고대부터 이러한 상징이 남아있기는 하지만 현대의 크리스마스 트리는 독일에서 시작되었다. 중세 시대 연극의 주제는 대개 '아담과 이브'였는데, 이때 낙원의 상징으로 사과가 달린 전나무를 사용했다. 게다가 독일인들은 아담과 이브의 축일을 12월 24일로 삼고, 이날에 에덴의 상징인 전나무를 집에 세우고 전병들을 매달았다. 이것은 그리스도의 구원을 상징하는 성체를 의미했으며, 이 성체에 전병을 달던 것을 과자나 초, 그리고 반짝이는 전등으로 바뀌게 된 것이다.

성상(예수, 마리아 등)의 선반위에 상록수 가지와 초, 별 등을 장식하였는데 피라미드 모양으로 만든 나무를 세워 놓았다. 이러한 전통이 16세기에 이르러 크리스마스 탑(Christmas Pyramid)과 낙원 나무가 합쳐져 그 명칭이 크리스마스 트리가 된 것이다.

크리스마스 트리는 독일에서 처음 시작되었다. 영국인 보니페이스(Boniface, 본명은 Winfrid, 680~754)는 가이스마르라는 마을 부근에서 선교사로 활동하고 있었는데, 당시 그곳에 살던 게르만인 드루이드족은 참나무 숭배 신앙을 가지고 있었다. 보니페이스는 그들에게 참나무가 신성한 나무가 아니라는 것을 보여줄 목적으로 근처에 있는 참나무 한 그루를 찍어버렸다. 참나무는 쓰러지면서 주변의 작은 나무들도 함께 쓰러뜨렸는데, 우연히 곁에 있던 전나무는 말짱했다. 보니페이스는 이를 계기로 전나무가 상하지 않은 것은 기독교와 마찬가지로 기적이라고 설명하면서 사람들에게 이후로는 참나무 대신에 전나무를 심도록 권유했다. 그 후로는 독일에서 크리스마스가 되면 전나무를 심으며 예수의 탄생을 축하하게 되었다고 한다.

이렇게 시작된 전나무와 기독교와의 관계는 16세기에 이르러 크리스마스 트리를 집 안팎에 장식하는 것으로 발전했다. 당시 사람들은 전나무에 색종이로 만든 장미꽃, 사과, 사탕 등을 이용해서 장식했다.

이러한 풍습이 대중들에게까지 확산된 데에는 종교개혁의 역할이 크다. 마르틴 루터(Martin Luther)와 관련된 다음 일화를 통해 이러한 풍습이 세계 여러 나라에 전파되기 시작하였다.

어느 해 크리스마스가 가까운 무렵이었다. 크리스마스가 다가오고 있었지만 가난한 루터의 가정은 크리스마스를 축하하기 위한 그 무엇도 준비할 수 없었다. 가난으로 인해 기쁜 크리스마스를 우울하게 보낼 가족을 생각하니 루터는 가만히 있을 수 없었다.

그래서 궁리 끝에 그는 가족들에게 아주 멋있는 크리스마스 트리를 선물하기로 했다. 크리스마스 트리를 살 돈이 없었기에 그는 숲으로 가서 나무를 직접 찾기로 했다. 숲으로 간 그는 열심히 나무를 찾아 헤맸다. 그러나 쓸 만한 크리스마스 트리는 이미 사람들이 벌써 다 베어가 버린 상태였기 때문에 그의 마음에 드는 나무는 쉽게 눈에 띄지 않았다. 날이 저물고도 한참을 헤맨 끝에서야 그는 드디어 아주 멋있는 나무를 발견할 수 있었다.

그는 그 나무를 가지고 기쁜 마음으로 집으로 돌아왔다. 밤늦도록 돌아오지 않는 그를 걱정하며 기다리던 가족들은 멋있는 나무까지 가지고 돌아온 루터를 반갑게 맞아 주었다. 그리고 그의 가족은 그 나무에 멋있는 장식을 했다. 그해 그의 가족은 비록 가난했지만 멋있는 크리스마스 트리와 사랑이 있어 넉넉한 마음으로 즐거운 크리스마스를 맞이할 수 있었다고 전해진다.

17세기 초 미국에 정착한 독일인들에 의해 크리스마스 트리는 미국 전역에 퍼지기 시작했다. 18세기에는 독일 전역에 퍼졌으며 19세기 초에 영국에 알려졌고, 19세기 중엽에 빅토리아 여왕의 남편인 독일의 알버트 공작에 의해 대중에게 보급되었다. 당시 크리스마스 트리는 초, 과자, 리본, 데코레이션 케이크 등으로 장식했다.

크리스마스 트리 장식에 사용되는 금실과 은실에 관해 전해 내려오는 한 가지 이야기가 있다. 어떤 부인이 남편의 지병을 고치기 위해 정성을 다해 크리스마스 트리를 장식해 놓았다. 그런데 그날 밤 어디선가 거미들이 나타나 그 위에 거미줄을 가득 쳤다. 다음날 아침 부인은 비단실로 아름답게 장식된 크리스마스 트리를 보고 한없이 기뻐하였고, 남편 역시 이에 크게 기뻐하였으며, 기적처럼 병이 나았다고 한다. 이 거미줄이 부인의 간곡한 기도로 금실과 은실로 바뀌었다는 전설이다.

미국에서 크리스마스 트리의 역사는 1851년부터 시작되었다. 미국 오하이오 주 클리블랜드에 사는 헨리 쉬완(Henry Schwan) 목사가 처음으로 교회에 크리스마스 트리를 장식하였는데, 당시 교인 중에서는 우상 숭배라고 하여 반대하는 이들이 많았고, 심지어 크리스마스 트리를 장식한다면 폭력으로라도 막겠다고 위협했다고 한다. 그러나 쉬완 목사는 크리스마스 트리를 만드는 것은 예배에 방해가 되는 것이 아니며, 이는 예수 탄생을 기념하는 의미를 담고 있는 것이라며, 교인들을 설득하여 크리스마스 트리를 세우는 데에 성공하게 된다. 이를 계기로 이듬해부터 각 가정에 크리스마스 트리를 만들게 되었고 이것이 미국 전역으로 퍼져 나갔다.

한편 크리스마스 트리 장식을 위해 베어지는 상록수가 점차 늘어나자 자연 보호 차원에서 크리스마스 트리를 세우는 것을 금지하는 운동이 일어났다. 프랭클린 루스벨트(Franklin D. Roosevelt) 대통령도 이에 공감하여 상록수를 베는 것에 대해 반대하였고, 백악관에도 상록수를 이용한 크리스마스 트리를 만들지 말라는 명령을 내렸다. 그런데 다음날 신문에 "루즈벨트 대통령 관저에 크리스마스 트리를 세우다."라는 기사와 함께 사진이 게재되었다. 이에 격분한 대통령이 사정을 알아보니, 그의 아들인 알키와 켄틴이 몰래 만들어 세운 것이었다. 대통령은 대노하여 당장 걷어치우게 하였다. 그러나 대통령의 친구인 산림학자 기포드 핀코(Gifford Finchot)는 이 말을 듣고 대통령에게 조언하기를 크리스마스 트리를 위해 큰 나무에서 가지치기를 하는 것은 나무 성장에 손해를 주기는커녕 오히려 성장에 도움이 된다고 설명해 주어 이후 다시 크리스마스 트리를 세우는 일을 허락했다고 한다.

그러나 현재 미국에서는 크리스마스 트리용 나무로 매년 2천 4백만 그루가 베어지고 있고, 값으로는 5천만 달러에 달하는 돈이 지출되고 있다. 그리고 이제는 크리스마스 트리를 위해 캐나다에서 매년 약 9백만 그루를 수입해야 하는 실정이다.

19세기에 이르러 크리스마스 트리는 스위스, 오스트리아, 폴란드, 네덜란드 등 유럽에서 대중화되었고 미국 선교사들에 의해 중국과 일본, 한국 등 동양에도 전파되었다.

크리스마스 카드(Christmas card)

호의와 감사의 마음을 적어 보내는 크리스마스 카드가 정확히 언제부터 시작되었는지는 알 수 없다. 다만 우편과 목판 기술이 발달하면서 유럽과 미국에서는 종교적인 주제를 가지고 인쇄하기 시작했다.

크리스마스 카드의 기원은 영국의 작가 찰스 디킨스(Charles

Dickens)가 「크리스마스 캐럴」을 발표한 1782년을 전후로 추정된다. 당시 영국에 유학하고 있던 학생들이 크리스마스를 맞이하여 카드에 직접 그림을 그려 부모와 친구에게 보낸 것이 그 효시이다.

일반적으로 널리 알려진 최초의 카드는 1843년 영국의 헨리 코울(Henry Cole) 경을 위해 그의 친구 존 호슬리(John C. Horsley)가 제작한 코올 호슬리(Cole Horsley) 카드이다. 이 카드를 같은 영국인인 조빈스(Jobbins)라는 사람이 석판 인쇄를 이용해 만들면서부터 상업적으로 판매되기 시작했다. 이 카드는 약 1천 장이 런던에서 판매되었는데, 이 카드에는 가족 파티에 관한 그림이 그려져 있었다. 그림 아래에 '즐거운 크리스마스와 행복한 새해가 되기를(A Merry Christmas and Happy New Year to you)'이라는 글씨가 새겨져 있었다.

1844년 뉴캐슬 교회의 에드워드 브래들리(Edward Bradley) 목사는 교인들에게 아기 예수 탄생의 그림을 카드에 그려 보냈다고 한다.

새로운 원색 인쇄 기술이 발달한 1850년대에 들어서면서부터 크리스마스 카드는 종류도 다양해지고, 값도 내리면서 좀 더 대중화되기 시작했다. 이때부터 카드만 취급하는 상점도 생겨났고, 수많은 화가들이 여러 종류의 소재를 다루기 시작했다.

1860년 찰스 구달(Charles Goodall)이라는 사람이 카드를 대량으로 인쇄하여 싼값에 팔기 시작했으며, 구달이 고안한 소재는 홀리나무, 미스틀리나무, 전나무 등에 선을 두르고 설경 속에 로빈후드와 같이 어린이들이 좋아하는 이야기 속의 주인공들을 등장시켜 인사말을 넣는 방식이었다.

1884년 영국의 런던 왕실학원 미술가 돕슨(W.A. Dobbson)은 버밍엄 미술 학교 교장으로 있을 때 직접 그린 크리스마스 카드를 친구에게 보냈는데, 이듬해부터는 더욱 많은 친구들에게 보내기 위해 1885년 석판으로 인쇄하기 시작했다.

미국에서 빨간 외투를 입고 흰 수염을 휘날리며 사슴이 끄는 썰매를 타고, 많은 선물을 가득 싣고 찾아오는 산타클로스의 전통적인 모습이 등장한 것은 1863년 미국 남북전쟁 당시의 화가인 토마스 내스트(Thomas Nast)라는 사람이 수고하는 군인들을 찾아다니며 선물을 나누어 주는 모습의 만화를 주보에 게재한 것으로부터 시작되어 전통이 되었다.

대중에게 크리스마스 카드를 소개한 것은 말커스 카드 회사였다. 이 회사는 메사추세츠 록스베리에 살던 루이스 프랭(Louis Prang)이 1874년 미국판 인쇄로 일반에게 팔기 시작했다. 19세기 중엽에 뉴욕 주 올버니에 사는 잡화상 주인이 'Pease's Great Variety Store in the Temple of Fancy'라는 글을 새긴 크리스마스 인사 카드를 만들었다.

크리스마스 시즌이 돌아오면 전 세계 사람들은 약 17억만 통의 크리스마스 카드를 주고받으며 병원, 감옥, 고아원, 양로원, 외국에서 쓸쓸히 지내는 가족과 이웃에게 그리스도의 탄생의 기쁜 소식을 나누어 인류에게 희망과 평화에 기여하고 있다.

크리스마스 실(Christmas seal)

　영국 산업혁명 이후 결핵이 전 유럽에 만연되었고, 19세기 말 덴마크도 예외가 아니었다. 천성이 착하고 어린이를 좋아했던 덴마크 코펜하겐의 한 우체국장이었던 아이날 홀벨(Einar Holboell)은 당시 많은 어린이들이 결핵으로 죽어 가는 것을 보고 마음 아프게 생각하여, 크리스마스 시즌 동안에 매일같이 쌓이는 크리스마스 우편물과 소포에 동전 한 닢짜리 '실'을 판매하여 붙인다면, 그 돈으로 수많은 어린 생명을 구할 수 있을 것으로 생각하였다.

　마침내 1904년 12월 10일 세계 최초의 크리스마스 실을 발행하게 되었으며 국왕인 '크리스챤 9세'도 이에 적극 지원에 나서, 그의 소박한 착상은 많은 덴마크인들의 참여로 빛을 보게 되었다.

　덴마크와 미국에서 크리스마스 실 운동이 성공적으로 추진되자 곧 스웨덴, 독일, 노르웨이 등 주변국이 뒤따르고 1915년에는 루마니아에까지 전파되었다. 동양권에서는 1910년 필리핀이 처음으로 실을 발행하였으며, 일본에서는 1925년 12월에 자연요양사(自然療養社)라는 민간 잡지사가 처음으로 발행하였고, 1926년부터 결핵 예방회에서 본격적으로 실을 발행하기 시작했다.

　많은 결핵 환자들이 있었던 우리나라에서 결핵 퇴치를 위해 크리스마스 실을 발행하기 시작한 것은 1933년부터였다.

이는 당시 우리나라에 의료 선교사로 와 있던 미국 감리회 의료 선교사 셔우드 홀(Sherwood Hall)에 의해서였다.

셔우드 홀은 부친(W.J. Hall)과 모친(Mrs. R.S. Hall)의 뒤를 이어 한국 의료 선교사가 되었는데, 남편 윌리엄 홀(William J. Hall) 선교사와 결혼한 지 3년 만에 사별하고, 그로부터 3년 후 남편의 전기를 편저하였다. 그녀는 남편보다 1년 먼저(1890) 한국에 와서, 43년간 한국을 위해 봉사하였으며, 우리나라에 여러 '최초'의 기록을 만들기도 했다.

평양에 최초의 병원을 설립한 데 이어 동대문 병원(현 이대 부속병원)과 인천 기독교 병원을 세웠고, 처음으로 어린이 병동을 도입하였다. 또한 인천 간호보건대학과 여자의학교(경성여전, 수도의대, 우석의대를 거쳐 현재 고려대 의대가 됨)를 설립하였으며, 맹인 농아학교를 세우고, 한글용 점자도 개발하였다.

또한 한국 최초의 여의사(서양의학) 김점동(에스더 K.박)을 키웠고, 한국 여성의 인권을 위해서도 일하였다. 그리하여 그녀는 미국에서 뛰어난 미국 여성 200인 중 한사람으로 인정을 받기도 하였다.

셔우드 홀은 안식년으로 미국에 머물고 있을 때인 1907년 미국에서 결핵 크리스마스 실을 창안한 미국 결핵협회의 에밀리 비셸(Emily P. Bissell)을 만나 그 방법을 배워 왔으며, 1932년에 한국에 오자마자 당시 일제 총독부의 허가를 받아 크리스마스 실의 발행 작업에 들어갔다.

그 결과 1933년 한복 입은 자매와 소나무가 그려진 한국

최초의 크리스마스 실이 발행될 수 있었다. 이러한 실 발행은 1940년 일제에 의한 미선교사의 강제 추방과 함께 중단되었다가, 해방 후 대한결핵협회에서 다시 발행하여 오늘날까지 이르고 있다.

한편 홀 박사는 1940년 일제에 의해 미국 선교사들이 철수되면서 추방되어 선교지를 인도로 옮겨 1941년 인도

닥터 로제타 S. 홀 부인과 자녀.

최초의 결핵 크리스마스 실을 발행했다.

산타클로스

크리스마스가 되면 어린이들은 예수보다 산타클로스를 먼저 떠올린다. 전 세계의 어린이들은 그들의 눈으로 산타를 보아 왔다. 그들이 알고 있는 산타는 희고 긴 수염을 갖고 있으며, 빨간 후드 옷을 입은 매우 친절한 사람이다. 어린이들은 산타클로스를 통해 예수 그리스도의 사랑의 정신을 배우기도 한다.

어른들은 어린이들에게 꿈과 희망을 주기 위해 선의의 거짓말을 해오고 있다. 그러나 이에 대한 비판은 아무도 하지 않

는다. 어른들 역시 이런 이야기를 듣고 자라왔기 때문이다. 산타에 대한 생각은 각 사람마다 다르겠지만 분명한 것은 그가 예수처럼 행세하거나 예수가 되어서는 안 된다는 것이다. 산타 역시 그것을 바라지는 않을 것이다. 그것만 지켜진다면 산타는 분명 어린이들에게 유익한 존재가 될 것이다.

뚱뚱하고 배가 불룩할 뿐 아니라, 기분 좋게 "호! 호! 호!" 하고 웃는 흰 수염을 가진 산타클로스(Santa Claus) 할아버지의 모델은 4세기 소아시아 지방의 주교로 있으면서 좋은 일을 많이 행한 성 니콜라스(Santa Nicholas)이다. 이 이름이 영어로 불러지게 되면서 18세기에 산타클로스(Santa Claus)가 되었다.

선물을 나누어주는 산타클로스의 풍습은 성 니콜라스가 평상시 불쌍한 어린이들에게 많은 선물을 나누어 준 것을 기념하는 관습에서 유래되었다. 니콜라스는 280년경 소아시아 루시아 지방 파타라라고 하는 항구에서 부유하고 독실한 기독교 신자의 외아들로 태어났다. 니콜라스의 어머니는 매일같이 니콜라스에게 성경으로 말과 글을 가르쳐 주었다. 그런데 불행하게도 니콜라스가 12살 되던 해에 부모님이 모두 전염병으로 세상을 떠나게 되었다. 이 때부터 니콜라스는 어린 시절을 외롭게 지내야만 했다. 그가 성장하여 20세가 되면서 일생을 하나님께 바치기로 결심하고, 미라(Myra)로 이사하여 그곳에서 열심히 교회를 다니며 신앙 생활을 했다. 그런데 그곳 교회의 목사가 얼마 안 되어 세상을 떠나자 후임자를 정하는 위원회가 열리게 되었는데, 이 회의는 며칠 씩 계속되면서 적임자를 찾지 못하고 거듭 산회하고 말았다. 이런 가운데 교회의 한 장로가 꿈을 꾸게 되었는데, 그 꿈 가운데 "내일 아침 교회에 가서 처음 만나는 사람의 이름을 물어보라. 니콜라스라고 대답하는 사람이 있을 터이니 그를 감독으로 삼으라."라는 계시를 받았다고 한다. 다음날 새벽에 교회에 가보니 정말 꿈대로 젊은 청년 니콜라스를 만나게 되었다. 니콜라스는 매일 새벽 기도를 드리기 위해 교회에 갔던 것이다. 장로는 교회의 목회자가 되어달라고 권유했고, 니콜라스는 "제가 너무 젊어 그 직분을 감당할 수 없습니다."고 사양하였으나 많은 위원들이 간곡히 부탁하여 거절할 수가 없었다.

그 후 니콜라스는 교회의 감독이 되어 전례대로 예루살렘 성지를 순례하였는데, 그곳에서 예수의 전도와 수난의 성지를 보고 마음에 깊은 감동을 받아 미라에 돌아와서 박해와 고난을 당하는 교인들을 헌신적으로 돌보기 시작했다. 303년 디오클레시안 황제의 박해 때에는 투옥되어 온갖 시련을 겪기도 하였으나, 312년 콘스탄틴 대제의 '모든 종교에 대한 신앙의 자유'가 선포되면서 그도 자유의 몸이 되었다. 니콜라스가 자유의 몸이 되어 나오던 날, 온 마을에 축제가 열렸으며, 어느새 니콜라스는 유명해져 있었다.

니콜라스는 여러 이적을 행했다고 전해지고 있다. 몇 해 동안 흉년이 들어 기근으로 굶어 죽어가는 사람이 속출하고 있는 마을에, 마침 콘스탄틴 황제에게 바치는 곡식을 실은 배가 기항하게 되었다. 니콜라스는 선장에게 찾아가 그 곡식의 일부를 기아에 허덕이는 백성에게 나누어 줄 것을 호소하였다. 그러나 황제에게 보내는 곡물은 콘스탄티노플에 도착하여 다시 중량을 달아보기 때문에 조금도 빼내어 줄 수 없다고 하여 거절당했다. 그래도 그는 끈질기게 설득하여 마침내 곡식의 일부를 얻어 2년여 동안이나 굶주린 백성들에게 나누어 줄 수 있었다. 그리고 이 배는 콘스탄티노플에 도착하여 중량을 달았으나, 한 치의 중량도 모자라지 않았다고 전해진다.

또, 한 가지 전해 내려오는 이적은 325년 어느 부유한 상인의 아들이 아테네에 공부를 하러 가던 도중에 날이 어두워 여관에 묵고 있었는데, 욕심 많은 여관 주인이 돈과 소지품을 탐내어 그 소년을 칼로 찔러 죽였다. 그런데 마침 니콜라스가 감독회의에 참석하기 위해 그 여관에서 잠을 자다가 봉변을 당한 소년의 꿈을 꾸게 되었다. 매우 놀란 니콜라스는 여관 주인을 불러 호령하며 꾸짖었고, 주인은 바닥에 엎드려 죄를 모두 고백하였다. 니콜라스가 시체로 변한 소년을 위해 기도하자 소년은 기적같이 일어났다고 한다.

니콜라스에 의해 감격한 사람들로 하여금 소문이 퍼져나가 그를 존경하고 사랑하는 사람들이 많아졌다. 니콜라스는 341년 그의 나이 61세가 되던 해에 숨을 거두었는데, 그가 세상을 떠나자 사방에서 많은 사람들이 조의를 표했으며 많은 사람들이 끊임없이 찾아와 그의 무덤 앞에서 애도했다고 전해진다.

니콜라스의 유골이 안장된 사원은 9세기 무렵에 이슬람에 점령당해 인적이 끊기었다가 11세기에 기독교인들이 다시 탈

환한 후부터 순례자들의 발길이 끊이지 않는다. 니콜라스는 그의 명성 때문에 죽어서도 편안하지 못했는데, 1008년에 이탈리아 베네치아의 수병과 상인들이 자신들의 수호 성자로 삼기 위해 자기네 도시로 유골을 옮기려 하였다. 그들은 미라성(城)으로 가서 배 3척에 유골을 싣고 이탈리아로 향했다. 그러나 항해 중에 사나운 풍랑이 일어 위기에 처하게 되었다. 배 안을 조사해 보았더니 몇 명의 수병이 니콜라스의 유골 중에 한 개를 몰래 빼내어 다른 상자에 옮긴 것을 발견하게 되었다. 그 상자의 유골을 다시 제자리로 옮겨 놓자 풍랑이 잔잔하여 무사히 귀국할 수 있었다고 전해진다.

1087년 5월 9일, 배가 베네치아 항에 도착하여 니콜라스의 유골이 안치되었다. 이 때부터 베네치아는 성지가 되었고, 십자군 전쟁 때에는 수많은 순례자가 찾아오게 되었다. 니콜라스에 대한 이야기는 더 많은 나라에 전해지게 되었으며, 지금도 매년 5월 9일이면 성 니콜라스가 옮겨온 것을 기념하고 축하하는 행사가 성대하게 열리고 있다. 성 니콜라스의 초상화를 배에다 싣고 먼 바다까지 나갔다가 밤이면 다시 돌아온다. 거리에는 많은 사람들이 특이한 순례자의 의상을 입고 횃불을 켜들고 불꽃놀이를 하며, 돌아오는 유골을 환영한다. 배가 부두에 닿고 니콜라스의 초상화를 상륙시키면 수많은 사람들이 행렬을 지어 여러 교회를 방문하고 마지막에 성 니콜라스 교회에 옮긴다.

중세 교회의 행사 중에 하나였던 이른바 '소년의 감독'이라는 행렬이 있었는데, 이 행사가 바로 성 니콜라스를 기념하는 것이었다. 중세 독일에서는 윈체스터성 바울 성당과 영국의 웨스트민스터 대성당에서 성 니콜라스가 죽은 12월 6일에 기념행사를 해마다 가졌다.

니콜라스의 명성으로 인해 이후에 같은 이름을 가진 사람들이 많아졌다. 개인의 이름뿐만 아니라 유럽에 니콜라스라는 이름을 가진 교회 또한 무려 1,300여 개나 된다. 미국의 인디애나 주 에반스빌이란 도시 가까운 곳에는 산타클로스라는 이름을 가진 마을도 있다.

크리스마스는 이렇게 소아시아에서 시작되어 유럽에 전해졌고, 그것이 독일은 물론 미국에까지 전파되었다. 산타클로스는 선물을 주면서 언제나 "호! 호! 호! 메리 크리스마스!"라고 즐겁게 외치는데, 이것은 미국의 작가 워싱턴 어빙(Washington Irving)이 산타클로스를 항상 즐겁게 웃는 인물로 묘사한 「Visit from St. Nicholas」를 1822년 클레멘트 무어(Clement Moore)가 「T´was the Night before Christmas」를 작곡함으로써 시작되었다. 산타클로스가 순록이 끄는 썰매를 타고 하늘로 날아다니는 모습은 1822년 뉴욕의 신학자 클레멘트 무어가 쓴 「성 니콜라스의 방문」이라는 시가 효시가 되었다. 신문과 잡지사에서 이 시를 게재하자 시에 삽입된 산타클로스의 모습이 순식간에 미국 전역에 퍼졌다.

산타클로스의 초창기 모습은 날렵하고 큰 키였으나, 미국 만화가 토마스 네스트(Thomas Nast)가 1863년에 그린 만화를 통해 오늘날 흔히 보이는 흰 털이 달린 옷과 검은 벨트를 두르고 긴 고깔 모자를 쓴 통통한 볼에 뚱뚱한 모습의 산타클로스가 나타나게 되었다. 그는 20년 동안이나 잡지에 크리스마스 삽화를 그리면서 현재의 산타클로스를 완성시켰다.

산타클로스가 빨간 옷을 입게 된 것은 1930년대에 코카콜라 광고에 빨간 옷을 입은 산타클로스의 모습이 나오면서부터이다. 이 광고는 순식간에 전 세계로 퍼졌고, 산타클로스의 이미지를 다시 심는 계기가 되었다.

크리스마스가 되면 산타클로스가 그려진 카드를 제일 많이 사용하며, 어린이들은 산타클로스에게 편지를 부친다. 처음에는 이러한 편지를 모두 버렸지만, 그 수가 적지 않고 무시해 버릴 수 없어 1935년 미국에서는 산타클로스에게 가는 편지를 모두 읽어보고 회답과 기부금을 통해 선물을 보내주기도 한다.

산타는 어디서 살고 있을까?

많은 어린이들이 산타 할아버지는 북극에 살고 있다고 믿고 있다. 이러한 생각들은 오랫동안 자연스럽게 생겨났는데 실제로 북극엔 사슴조차 살고 있지 않다. 산타 할아버지는 북극권을 한참 지나 핀란드의 북쪽 랩랜드 깊은 곳, 마치 동화 같은 숲 속의 '코르바 툰투리'라는 마을에 살고 있다. 이곳에선 오로라의 광휘가 빛나며 많은 순록들이 떼 지어 살고 있다. 코르바는 핀란드 말로 '귀'를 뜻하며, 툰투리는 '산'이란 뜻으로 풀이된다. 그곳엔 커다란 귀처럼 생긴 산이 있어 산타 할아버지가 전 세계의 모든 어린이들이 무슨 생각을 하고 있는지, 무엇을 바라는지, 어떻게 지내는지에 대해 모두 다 들을 수 있다고 한다.

코르바 툰투리에는 산타 할아버지 말고 또 누가 살고 있을까? 물론 산타 할머니도 있고, 놈(Gnome)이라고 불리는 땅속의 요정들이 분주하게 돌아다니고 있다. 그들은 셀 수 없이 많을 뿐더러 색깔도 가지가지이다. 또한 그들은 항상 어떤 선물을 어린이들이 좋아할까 끊임없이 생각하면서 산타를 도와 선물을 만들고 있다. 그들의 기술은 정말 대단하다.

크리스마스 양말

크리스마스 전날 밤에 양말을 걸어 놓는 풍습은 산타클로스로 더욱 잘 알려진 성 니콜라스 당시로부터 내려오는 풍습이다. 전해 오는 이야기에 의하면, 소아시아의 미라(Myra)라는 도시를 관할하던 니콜라스 주교가 우연히, 거듭되는 사업의 실패로 몰락한 귀족의 세 딸이 결혼 지참금이 없어 결혼을 못하고 있다는 사연을 듣게 되었다고 한다.

마음씨 좋은 주교는 그들의 딱한 처지를 외면하지 못하고 어떻게 하면 그들을 도울 수 있을까 생각한 끝에 묘안을 하나 생각해 냈다. 그로부터 며칠 후인 크리스마스 전날 밤, 주교는 살며시 그 귀족의 집을 찾아갔다. 모두가 잠든 것을 확인한 주교는 준비해 간 지참금이 든 지갑을 굴뚝을 통해 안으로 던져

넣었다. 그런데 그것이 공교롭게도 세탁되어 벽에 걸어 놓은 양말 속으로 들어갔다. 다음날 아침 양말을 신으려다 양말 속에 들어 있는 돈을 발견한 세 딸은 너무나 기뻐했다. 그들은 누군지 알지 못하지만 은총을 베푼 그 사람과 하나님께 진정한 감사를 드렸다. 이후로 아이들은 뜻밖의 선물을 기다리는 마음으로 크리스마스 전날 밤 잠들기 전에 양말을 걸어놓게 되었다고 한다. 또한 이러한 풍습의 영향으로 도움을 필요로 하는 불우한 이웃에게 자비와 구제의 손길을 베푸는 일들이 행해지게 되었다.

상록 담장 넝쿨과 포인세치아

크리스마스가 되면 교회를 파란 담장 넝쿨로 장식하고, 그렇게 장식된 크리스마스 카드를 주고 받는다. 이와 같은 풍습은 북유럽의 비기독교인들의 전통이 영국에 전해진 것이다. 아리안 인종의 한 분파로 아일랜드(Ireland)와 웨일즈(Wales) 및 스코틀랜드(Scotland)에 사는 겔트족과 독일인들은 동짓날 축제 때가 되면 상록 담장 넝쿨을 영원한 생명의 상징으로 숭배했었다.

이 식물을 숭배하게 된 이유는 태양이 다시 돌아올 것을 약속해 주는 것이기 때문이다. 어떤 사람은 그리스도가 십자가를 질 때 쓰신 가시 면류관이 담장 넝쿨로 만들어졌다고도 한다. 전설에 의하면 이 담장 넝쿨은 본래 흰 열매를 맺는 식물이었는데, 가시 면류관을 만들어 예수의 머리에 눌러 씌움으로써 예수의 머리에서 피가 솟구쳐 나와 빨간 열매로 변했다고 하는 이야기도 있다. 크리스마스 때 담장 넝쿨로 화환을 만들어 교회와 집 문에 붙이는 관습이 바로 그리스도의 면류관의 상징이다.

크리스마스를 장식하는 관엽 식물인 포인세치아에 대해서는 다음과 같은 아름다운 전설이 있다.

오래 전 멕시코의 어느 마을에 병에 걸린 어머니를 간호하는 착한 소녀가 있었다.

소녀는 어머니의 회복을 위해 기도하며 산에 올라가 약초를 캤다. 어느 날 소녀는 절벽 사이에 돋아나 있는 약초를 캐다가 그만 굴러 떨어졌고, 소녀의 몸에서 피가 나와 주변의 하얀 꽃에 번져 나갔다.

소녀가 숨을 거두려 할 때, 예수님이 나타나 "저 피 묻은 꽃을 꺾어 어머니에게 갖다 드려라."라고 말씀하셨고 그 순간 소녀는 힘을 얻고 일어나 그 꽃을 어머니에게 갖다 드렸으며, 기적같이 어머니는 그 자리에서 일어나 건강을 되찾게 되었다.

그래서일까? 이 꽃의 꽃말은 '희생' 또는 '축복'이다. 희생은 축복의 열매를 얻게 되는 모양이다.

멕시코의 미국 첫 대사인 포인셋 박사(Dr. Joel Poinsett)가 1828년에 이 빨간 꽃을 멕시코로 가지고 왔는데, 포인세치아라는 이름은 바로 이 사람의 이름을 따서 부르게 되었다. 18세기 멕시코인들은 꽃의 모양이 별의 모양과 비슷하여 별의 상징으로 생각했다고 한다.

구세군 자선냄비의 유래

1891년 크리스마스가 가까워 오던 미국의 샌프란시스코에서 자선냄비는 그 첫 종소리를 울리게 되었다. 도시 빈민들과 갑작스런 재난을 당하여 슬픈 크리스마스를 맞이하게 된 천여 명의 사람들을 먹여야 했던 한 구세군 사관(조셉 맥피 정위)은 어떻게 이 문제를 해결할 수 있을까를 고민하던 중 기발한 생각이 떠올랐다.

바로 옛날 영국에서 가난한 사람들을 돕기 위해 누군가가 사용했던 방법이었다. 그는 오클랜드 부두로 나아가 주방에서 사용하던 큰 쇠솥을 거리에 내걸었다. 그리고 그 위에 이렇게 써 붙였다. "이 국솥을 끓게 합시다."

구세군 자선냄비.

얼마 지나지 않아 그는 성탄절에 불우한 이들에게 따뜻한 식사를 제공할 만큼의 충분한 기금을 마련하게 되었다.

이렇게 이웃을 돕기 위해 새벽까지 고민하며 기도하던 한 사관의 깊은 마음이 오늘날 전 세계 100여 개국에서 매년 크리스마스가 가까워지면 어김

없이 나타나는 구세군 자선냄비의 출발이 되었다.

그의 정신은 오늘날까지 모든 구세군 자선냄비의 종소리를 타고 우리 사회 깊숙이 파고들어 모든 이들에게 이웃 사랑의 절실한 필요성을 되살려 주고 있으며, 모두가 더불어 잘 살아가는 아름다운 사회 만들기에 기여하고 있다.

한국에서는 1928년 12월 15일 당시 한국 구세군 사령관이었던 박준섭(조셉 바아) 사관이 서울 도심에 자선냄비를 설치하면서부터 시작되었다.

크리스마스의 별

크리스마스와 함께 제일 중요한 상징으로 표현되는 것은 별(star)이다. 크리스마스 장식에는 언제 어디나 예외 없이 제일 높은 곳에 별이 장식된다. 예수의 탄생을 알리고 동방의 박사들을 인도한 것 역시 별이다. 예수의 탄생과 관련된 예언에서도 「민수기」 24장 17절 "한 별이 야곱에게서 나오며"라고 했다. 그리고 「요한계시록」에서는 예수를 가리켜 "빛나는 새벽별"이라고 했다.

스페인, 이탈리아, 러시아 등에서는 하늘에 별이 나타난 후에야 크리스마스 예배를 드리는 풍습이 있다. 스웨덴의 어린이들은 별을 장식한 높은 흰 모자를 쓰고 큰 별을 든 소년의 뒤를 따라 거리를 행진한다.

폴란드에서는 저녁 식사를 한 후에 별을 가진 사람이 동네로 찾아다니면서 소년 소녀에게 교리문답을 잘 암송했는지에 대해 질문해 본다. 그 후에 동방박사로 가장한 소년이 문을 두드리고 예물을 주고 간다.

전 세계에서 가장 큰 별의 모양으로 크리스마스 트리를 한 곳은 1934년 미국의 콜로라도 주 팔머 공원에서이다. 500미터짜리 큰 별에 전등을 가설해 놓았는데, 이것은 20마일 밖에서도 볼 수 있었다고 한다. 자동차를 타고 가는 사람과 기차를 타고 가는 사람들도 볼 수 있었는데, 팔머시의 시장은 그 별이 땅위의 평화의 상징이라고 했다. 캘리포니아 벤누수시 번화가에는 '베들레헴의 별거리'를 12월 4일부터 1월 2일까지 연출하였는데, 이것을 보기 위해 수많은 방문객이 찾아온다.

크리스마스의 종

처음으로 크리스마스에 종이 울리기 시작한 것은 이탈리아 남부에 위치한 캄파니아(Campania)의 주교 비숍 폴리너스(Bishop Paulinus)가 400년경에 친 것으로 알려져 있다. 당시 예배를 알리기 위해 손 종을 가지고 다니면서 울렸는데, 폴리너스가 교회 예배를 알리기 위해 처음으로 큰 종을 울렸다.

이 큰 종이 프랑스에 550년에 소개되었고, 680년 웨이마우드 수도원 원장 베네딘트가 이탈리아에서 영국으로 종을 가지고 갔다. 그 후 선교사들이 영국 각지에 전했으며 쌕손과 엘버트는 예배 때에는 반드시 종을 치라고 명했다.

영국인들은 종을 좋아하며 많이 달기 때문에 종의 나라라는 별명까지 얻게 되었다. 종을 좋아하는 영국인들은 크리스마스가 되기 전에 크리스마스를 알리기 위해 종을 울리기 시작한다. 한때 청교도들이 주도권을 잡고 있을 때에는 미리 종을 치는 것이 금지되기도 했다. 대신 사람들은 손 종을 가지고 다니면서 사람들에게 크리스마스를 경건하고 조용하게 지낼 것을 일러주었다. 그러나 찰스 2세가 즉위한 후 크리스마스 주일마다 종을 쳐서 크리스마스가 가까워 오는 것을 다시 알려주기 시작했다. 그리고 올버햄튼에서는 크리스마스가 되면 종을 15분 간격으로 울렸다.

스페인에서는 교회와 수도원에서 밤 자정에 종을 친다. 그리고 교인들은 이 소리를 듣고 새벽 예배에 참여한다. 남아메리카에서는 크리스마스 날 종소리가 울리면 어디에서나 있던 곳에서 무릎을 꿇고 기도를 드린다.

많은 시인들이 크리스마스 종을 주제로 시를 지었는데, 그중에 헨리 롱펠로우(Henry W. Longfellow)의 「평화의 소식」이라는 시가 있다.

크리스마스 종소리를 들을 때마다
어려서 듣던 크리스마스 종이 기억나네.
높고 얕고 우렁차고 은은한 그 소리는
'하늘에는 평화요, 땅에는 축복이로다.'
천사 찬송하기를 거룩하신 구세주께

영광 돌려보내서 구주 오늘 나셨네.

크고 적은 나라들 기쁜 찬송 부르네.

찬송할 제목은 베들레헴에 나신 주.

찬송할 제목은 베들레헴에 나신 주.

찰스 웨슬리(Chaeles Wesley)도 크리스마스 아침에 종소리를 들은 후 여러 편의 찬송시를 지었다. 이 종소리는 때로는 세상 사람들에게 경종을 울리는 소리로, 때로는 평화의 소리로, 낙심한 사람들에게는 희망의 소리로 들렸을 것이다. 우리나라에서는 1970년대까지만 해도 교회가 예배 시간을 알리기 위해 종을 울렸다. 특히 새벽 예배를 알리기 위해 새벽 5시를 전후에 울리는 소리는 새마을 운동과 함께 국민을 깨우는 소리가 되었다. 그러나 이후에는 스피커로 차임벨을 울렸으며, 전국이 급격히 도시화되면서 점차 사라졌다. 요즘은 좀처럼 교회의 종소리를 듣기 어렵지만, 서울 안국동에 있는 안동 교회에서는 다시 종을 만들어 지역 주민의 호응아래 종을 다시 치기 시작했다고 한다.

크리스마스의 촛불

기독교에서 촛불을 사용하는 것은 그리스도가 세상의 빛으로 오신 것을 기념하기 위함이다. 촛불 예배가 시작된 것은 492년에 교황 겔라시우스(Gelasius)에서부터이다. 2월 2일을 촛불 예배일로 정한 것은 로마인들의 종교 의식을 수용하여 기독교로 유도하기 위함이었다는 이야기도 있다. 로마인들 중에는 세라스라는 여신이 잃어버린 딸을 찾으려고 촛불을 켜들고 거리로 다닌 것을 기념하기 위하여 촛불 행진을 하기도 했다.

영국인들은 집안 식구가 병이 들었거나 번개가 칠 때, 촛불을 켜면 병을 고치고 재앙을 물리칠 수 있다고 믿었다. 중세 유럽에서는 크리스마스 촛불이라는 광장에서 큰 초를 만들어 1월 6일까지 매일 밤 촛불을 켰다. 이때 사용한 돌로 만든 촛대가 옥스퍼드 대학교 존스칼리지에 보관되어 있다.

독일에서는 마르틴 루터(Martin Luther)가 처음으로 크리스마스 때에 크리스마스 트리에 밀초를 달아놓고 불을 켰다. 베이베리(Bayberry) 초를 켜면 향기가 날아가 멀리 있는 사람에게까지 마음을 전달해 주고 위로해 준다고 생각했다.

아일랜드인들은 촛불을 켜서 유리창 가까이에 놓아두고, 예수가 들어오기를 바라는 마음에서 문을 열어 놓고 자는 습관이 있다. 그리고 크리스마스 날 켜 놓은 촛불은 마리아라는 이름을 가진 처녀만 끌 수 있다고 전해진다.

스칸디나비아 반도에 있는 나라에서는 크리스마스 저녁에 촛불을 켜고, 자녀들이 크리스마스 트리에 둘러앉아 크리스마스 캐럴을 부른다. 스칸디나비아 반도와 러시아 북쪽 지역은 북극과 가깝기 때문에 겨울이 되면 일찍 어두워진다. 이런 기후적 특성도 촛불을 자주 켜게 만들었을 것이다.

러시아에서는 초를 밀가루 속에 넣어 부엌 한 모퉁이에 메달아 두는 풍습이 있다. 크리스마스 날 집안의 가장이 와서 자루 속에 있는 초를 꺼내어 불을 켜고, 다가오는 해에 풍년이 들 것과 가족의 건강을 위해 기도를 드린다. 그리고 크리스마스 장작을 부엌에 지펴 두고 큰 초에 불을 켜 놓는다.

불가리아의 농부들은 초에 불을 켜 들고 외양간으로 가서 "아기 예수가 나셨으니 너희들도 복 받아라."하고 구주가 탄생한 것을 알린다.

오늘날에는 촛불 예배를 드리는 것이 일반화되어 있으며, 한국의 개신교에서도 크리스마스 때에 촛불 예배를 드리는 경우가 많다.

각국의 크리스마스 풍습

영국

영국에서 크리스마스 축제는 596년경에 시작되어 오늘에 이르는 긴 역사를 가지고 있다. 크리스마스 캐럴을 부르는 풍습은 영국에서 처음 시작되었고, 대강절 기간부터 교회나 가정에서 크리스마스 캐럴을 즐겨 불렀다. 봉건시대 장원 영주의 저택에서는 화려한 크리스마스 행사가 열렸고, 크리스마스를 축하하고 성탄의 기쁨을 나누는 뜻에서 크리스마스 카드를 주고 받았다.

최근에는 크리스마스 아침에 여왕의 크리스마스 메시지가 영국 전역에 방송되기도 한다. 트라팔가 광장에서는 거대하고 화려한 크리스마스 트리가 세워진다.

크리스마스 이브인 12월 24일 밤에 벽난로 옆에 통나무를 통째로 갖고 놓고, 온 가족이 통나무 위에 앉는다. 그리고 활활 타오르는 불길처럼 새해에는 축복이 가득하기를 바라는 인사를 나눈 후 통나무를 벽난로 속에 넣는다. 크리스마스 아침에는 치즈를 발라 요리한 공작새나 거위 고기를 먹는다.

어린이들은 벽난로나 화덕 옆에 긴 양말을 걸어 놓고 산타 할아버지가 선물을 가득 채워 주기를 바란다. 또한 우편 배달부나 우유 배달 소년, 신문 배달 소년들에게 장갑과 털 구두의 선물을 안겨 주면서 한 해 동안의 수고에 감사한다.

독일

독일의 크리스마스는 크리스마스 트리를 처음 사용한 나라답게 집집마다 크리스마스 트리를 세우고, 크리스마스 장난감을 만들어 선물하는 것으로 유명하다. 12월 6일 전날 밤부터 크리스마스 축제가 시작되며, 대강절(교회력의 첫 시작을 알리는 절기로서 크리스마스 4주 전부터 시작하여 크리스마스까지 계속되는 절기로서, 그리스도의 오심과 관련하여 회개를 드리는 것을 비롯하여 여러 형태로 준비하는 기간이다. 대강절을 뜻하는 'Advent'는 '오신다'라는 의미를 갖고 있다)에 예배를 드린다.

독일은 크리스마스에 아기 예수의 오심이 우리에게 기쁨이듯이 가장 사랑하는 사람들을 위하여 여러 물건을 만들어 선물한다. 한 예로 비누로 만든 장미, 종이로 만든 꽃(인형) 등이 그것이다.

가정에서는 대강절 화환과 대강절 촛불을 켜 두고, 어머니 혼자서 크리스마스 트리를 장식하고, 크리스마스 식탁도 마련한다. 크리스마스 전날 밤에 가족들은 식탁이 마련된 방으로 초대된다. 아이들은 크리스마스 트리의 아름다움에 환성을 지르기도 한다. 교회에서는 크리스마스 전 일주일 동안 누구든지 교회에 와서 기도할 수 있도록 교회를 개방한다. 이 기간 동안에 누구나 예배실 및 부속된 여러 방들과 기도실을 사용할 수 있다.

프랑스

비록 법적인 공휴일은 아니지만 12월 6일의 성 니콜라스의 날은 동부 프랑스에서 널리 지켜지고 있다. 프랑스에서 이 날은 아이들에게 선물과 캔디를 주는 날로 간주되어 점차 크리스마스를 대신하게 되었다.

종교 행사와 가족 식사는 크리스마스를 기념하여 진행된다. 크리스마스에 앞서 몇 주 동안 파리의 큰 백화점 상설 전시대에는 실물 크기의 전설적인 상들이 놓여진다.

가정에서의 축하 의식은 크리스마스 며칠 전에 크리스마스 트리를 장식함으로써 시작된다. 양초와 반짝이는 여러 색의 별들이 장식에 사용된다. 크리스마스 전날 밤에 어린이들이 잠들었을 때 '크리스마스 아버지(Père Noël)'는 작은 장난감과 캔디, 과일들을 가지에 매달아 벽난로 옆 그들의 구두 속에 넣어둔다. 구유에는 예수님과 마리아와 요셉과 소와 나귀, 그리고 목자들을 의미하는 작은 상(모형)들을 놓는다. '작은 성인들(Santons, 본래는 인형 또는 동물상)'이라고 불리는 작은 채색 토기상이 몇몇 지역에서 사용되는데, 이것은 성경의 인물들을 나타낼 뿐만 아니라, 시장이며 사제, 경관, 도살업자, 빵 굽는 사람 등등 일상의 사람들도 나타내주고 있다. '작은 성인들'의 세계적 중심지는 아우바그네(Aubagne)의 작은 마을이다. 비록 1224년 앗시스(Assisi)의 성 프란체스코가 구유(Crech3, 구유 속의 아기 예수상)를 소개하였지만 16세기에 이르러서야 구유를 만드는 풍습이 널리 퍼졌다.

한밤중에 세 차례의 미사가 집례된다. 이를 위해 교회와 대성당은 아름답게 불을 밝히고, 캐럴과 종소리와 차임(편종)의 멜로디를 울린다.

크리스마스 아침이 되면 어린이들은 흥분한 가운데 일어나 벽난로와 크리스마스 트리에 있는 선물들을 확인한다. 이어서 온 가족은 선물 교환을 위해 한 자리에 모인다.

미국

크리스마스는 미국인들의 마음과 뜻의 형상을 신앙적으로 이끌어 주었다. 미국인들은 크리스마스에 다른 사람들을 위해 선물을 사고, 분주했던 생활 가운데서 시간을 내어 크리스마스 예배에 참석한다.

이들은 크리스마스를 앞두고 열리는 음악회에 참석하고, 어린이들과 어른들이 함께 하는 축제를 즐긴다. 한 해 중 가장 눈에 띄게 사랑이 넘치는 계절인 것이다.

크리스마스를 맞이하면서 부모들은 자녀들과 함께 크리스마스 트리를 만들고 여러 장식들을 집 안팎에 꾸민다. 대강절 넷째 주일이 되면 주부들은 빵, 쿠키, 푸딩 등의 음식을 만들고, 가족이 벽난로 앞에 모여 앉아 크리스마스 이야기로 밤을 지새운다.

교회와 성가 대원들은 크리스마스가 가까워 올 즈음에 각 가정을 방문하여 캐럴을 불러 준다. 이때는 교회에 다니지 않는 사람들도 한데 어울려 캐럴을 부른다.

가정에서는 부모가 자녀들을 위하여 선물을 포장하여 양말을 채워 둔다. 이것은 크리스마스 전날 밤에 아무도 모르게 이루어진다. 이튿날 어린이들은 양말에 든 선물을 받고 기뻐한다.

캘리포니아에서는 크리스마스 때도 더위가 계속되는 지역이어서 때때로 산타클로스가 서핑 보드를 타고 나타나는 재미있는 광경을 볼 수 있다.

워싱턴 DC에는 거대한 크리스마스 트리가 세워지는데, 트리에 달린 수많은 전구의 등은 대통령이 버튼을 누름으로써 켜지게 된다.

몰몬교인이 대부분인 유타 주 버널에 위치한 주립 자연사

공원에서는 크리스마스가 되면 실물 크기의 공룡 14마리를 만들어 화려하게 전구로 장식해 놓곤 한다. 이 장관을 보기 위해 버널 주민 외에 타지에서도 방문객이 줄을 잇는다고 한다.

뉴올리언스에서는 10월 이틀 동안에 크리스마스 행사를 갖는데, 이는 사람들이 성급하기 때문이 아니라, 가난한 사람과 노인, 장애자 등을 위해 집을 직접 지어주는 자원 봉사를 이 기간 중에 하기 때문이다. 자제를 공급할 수 있는 사람은 자제를, 목공이나 토목 등의 기술을 가진 사람은 기술을, 아무 것(?)도 해 줄 수 없는 사람들은 인력을 제공하여 그들에게 집을 지어주고 다가오는 크리스마스를 따뜻하게 보낼 수 있도록 해 주는 것이다. 이 행사를 위해 그들은 인터넷 사이트에 자원 봉사자를 모집하고 진척 상황들을 올려놓기도 한다.

헐리우드에서 매년 12월이면 헐리우드 스타들이 대거 등장하는 'Hollywood Christmas Parade'를 개최한다. 이 행사에서는 스타들의 행진 외에도 서커스와 함께 산타의 등장 등 다양한 이벤트들이 행해진다.

아일랜드

아일랜드의 크리스마스는 11월말 대강절부터 시작된다. 교회와 각 가정에서는 대강절 찬송을 부르고 아기 예수를 기다린다.

아일랜드인들은 세계의 어느 크리스마스 풍습보다도 더 아름다운 풍습을 갖고 있다. 아일랜드인들은 크리스마스 이브 때 집안의 창문이 있는 곳마다 촛불을 켜 놓는다. 그리고 창을 조금씩 열어둔다. 이것은 가정에서 뿐만 아니라 호텔이나 빌딩에서도 마찬가지다.

이렇게 촛불을 켜서 창을 열어두는 것은 상징적인 의미를 갖는다. 그것은 하나님의 아들 아기 예수를 낳기 위하여 마구간을 찾아 헤매는 일이 다시는 없도록 하기 위해서라는 뜻이 담겨있다.

이 촛불은 다음날 아침에 메리 또는 마리아라는 이름을 가진 소녀나 여인이 끄도록 되어 있다.

네덜란드

네덜란드에서는 산타 할아버지가 흰말(백마)을 타고 온다는 말이 전해 내려오고, 실제로 산타 할아버지가 흰말을 타고 이집, 저집을 방문한다. 따라서 흰말의 먹이와 물을 준비해 두는 의미로 어린이들은 깨끗한 나막신에다 마른 풀, 빨간 무(홍당무) 등을 달아 창문 앞에 놓고, 물도 한 그릇 떠다 놓는다. 크리스마스 아침에 아침 예배가 끝나면 마을은 온통 축제 분위기에 휩싸인다. 특이하게 옷들을 입고 떼를 지어 춤을 추면서 이집, 저집으로 다니며 크리스마스 캐럴을 불러 준다.

아르헨티나

남반부에 위치한 아르헨티나는 우리와 정반대의 기후를 갖고 있다. 즉 우리가 얼음이 꽁꽁 어는 영하의 추운 겨울을 맞이할 때에, 그들은 땀을 뻘뻘 흘려야 되는 영상 40도의 무더운 여름을 만나게 된다.

그곳에서는 크리스마스를 '나비다드(Navidad-크리스마스)'라고 부른다. 아울러 그들의 크리스마스 인사는 "휄리스-나비다드(Feliz Navidad)"이다.

크리스마스가 되면 온 가족 및 친지들이 한 자리에 모여 크고 작은 '휘에스따(fiesta, 파티)'를 갖는데 음악과 춤이 동반된 흥겨운 축연이 된다. 대표적인 음료로는 '시드라(Sidra, 사과주)' 또는 '비노블랑꼬(Vino Blanco, 백포도주)'나 '비노 니그로(Vino Negro, 흑포도주)'를 차갑게 하여 축배를 드는데 이때, '살루드(Salud, 안녕)'를 빈다. 컵과 컵을 마주치며 "친 친 살루드(Chin-Chin-salud)"라고 외친다.

축연이 계속되는 중 자정이 되면 일제히 한 자리에 모여 하늘에 축포를 쏘아 올린다. 연발되는 축포(권총 또는 화약을 사용) 속에 자신들의 소원을 말한다.

아이들은 불꽃놀이와 함께 '빠빠-노엘(Papa-Noel)'이 가져오는 선물을 기다리며 나비다드 전날 저녁을 즐겁게 보낸다.

캐나다

캐나다는 본래의 원주민들과 이주해 온 사람들로 구성된 나라이다. 국토가 넓은 만큼 캐나다인들의 크리스마스는 지역에 따라 다르다. 즉, 북극의 에스키모와 북아메리카 북동부에 위치한 라브라도르, 뉴퍼들랜드 섬은 각기 독특한 크리스마스 풍습을 가지고 있다.

우선 에스키모인들이 지키는 크리스마스 축제는 백인들에 의해서 전해진 것이다. 에스키모에는 '싱크덕크'라고 불리는 한 겨울의 축제가 있었다. 이 축제는 정해진 날에 각 마을 사람들이 긴 개의 행렬이 끄는 썰매를 타고 한 곳에 모여 춤과 선물의 파티를 즐긴다.

북아메리카 북동부에 위치한 라브라도르 어부들에게는 축제가 없었다. 이곳에는 백인들이 세운 선교 교회로 말미암아 생활 양식의 변화를 일으켰다. 선교 교회에서 시작한 최초의 크리스마스 행사에서는 아이들의 손무 위에 세운 작은 촛불을 받는다. 이 촛불을 받는 축제에서, 지금은 수입한 양초를 사용하지만 옛날에는 사슴의 기름으로 만든 초를 썼다.

뉴질랜드 주민들은 크리스마스 고기잡이 축제를 지킨다. 그들은 교회를 위해 고기를 잡았다. 그리고 교회는 그 고기를 팔아 교회의 운영 기금으로 사용하였다.

노바 스코티아에는 스코틀랜드에서 이주해 온 사람들이 살고 있는데 이들은 크리스마스 아침에 찬송을 부른다. 또한 예수 노래와 캐럴도 부른다.

밴쿠버에서는 크리스마스 축제가 오락과 술의 파티로 지켜진다. 특히 선창가에는 외국의 여러 뱃사람들이 몰려드는 까닭에 이들을 위로하는 프로그램들이 해마다 마련되고 있다.

코스타리카

코스타리카의 크리스마스는 방안 전체를 첫 번째 크리스마스 장면을 재현하는 일로부터 시작한다. 즉 그들은 가정이나 정원을 크리스마스 크레쉬로 꾸미는데, 정원이 있는 집에서는 나무 아래에, 그렇지 않은 집에서는 방안 가운데 아기 예수가 누웠던 말구유와 인형 따위로 아기 예수의 탄생을 기념한다.

이들은 크리스마스가 가까워지면 이웃집을 방문하여, 각 가정에 꾸며진 크리스마스 크레쉬를 감상하면서 즐거워하고, 아기 예수의 탄생을 축하한다.

최근에는 산타크로스 풍습이 등장하여, 할아버지나 친척들 가운데 한 어른이 산타크로스로 분장하여 아이들에게 선물을 나누어준다.

멕시코

멕시코에는 포사다스라고 불리는 축제가 있다. 12월 16일에 시작되는 포사다스는 순례자의 축제라고도 하는데, 이날이 되면 멕시코인들은 집집마다 크리스마스 장식을 하고 이웃을 기다린다. 포사다스의 본래 의미는 쉼 또는 휴식으로, 요셉과 마리아가 베들레헴에서 그들이 기거할 장소를 찾기 위해 고생했던 일들을 기억하는 축제이다.

각 가정에서는 스페인 이끼와 상록수 가지로 집을 꾸미는데, 특히 집안의 한 곳을 마구간처럼 장식한다. 소나무 가지와 이끼 따위로 작은 단을 만든 마구간에 아기 예수를 눕혀 놓고, 그 둘레에 「마태복음」과 「누가복음」에 기록되어 있는 대로 빈들의 양떼와 밤을 지새우는 목자들, 큰 별, 동방박사 등으로 치장한다.

그런 다음에 이웃집을 방문해서 "빈 방이 있습니까?"라고 묻고, "다른 곳으로 가보시오."라고 대답함으로써 요셉과 마리아의 베들레헴 순례를 기념한다.

칠레

동정녀를 기념하는 안타콜로의 축제와 말 경기가 칠레의 크리스마스 풍습이다. 칠레에는 안타콜로라는 아주 작은 마을이 있는데, 이곳에는 3피트 높이의 동정녀 상이 세워져 있다. 해마다 크리스마스가 되면 수천 명의 방문객들이 여기에 와서 동정녀 상 앞에서 마리아를 경배한다.

크리스마스 축제 시즌에는 수많은 무용수들이 색색의 옷을 입고 춤을 추며, 거리에는 인형과 각종의 장신구들이 넘실거린다. 한편, 그들은 뛰어난 인디언의 솜씨로 말을 타거나 경주를 한다.

필리핀

기록에 의하면 필리핀에서 최초로 크리스마스를 기념한 것은 12세기 말이다(1280년~1320년경). 이 당시 이탈리아 신부 오도릭(Odoric)은 4세기 경 아시아에 전파된 경교의 자취를 찾기 위해 약 8년 동안 동아시아 지역에 머물다가 본국으로 돌아가는 길에 필리핀을 지나가게 되었다. 방가시난 해변가에서 원주민들을 발견한 오도릭 신부 일행은 해안에 배를 대고 원주민들에게 다가 갔다. 원주민들은 신부 일행을 친절하게 맞이했고, 신부는 한 손에 십자가를 들고 그들에게 다가가 구유에 있는 아기 예수의 그림을 보여 주며 복음을 전했다. 그 후 오도릭 신부는 필리핀에서 첫 번째 크리스마스 미사를 드렸다고 전해진다.

필리핀은 아시아에서 유일한 천주교 국가로 300년 이상 스페인의 식민지를 통해 로마 가톨릭이 전해졌고, 민다나오의 일부 회교도 지역을 빼고는 거의 전국이 토속 종교와 혼합된 천주교 문화권이다.

필리핀은 12월 16일 새벽 미사(Misa de Gallo)를 시작으로 세계에서 가장 긴 크리스마스를 시작하는데, 동방박사들의 방문을 기념하는 다음해 1월 첫째 주일에 끝난다. 12월 16일 교회는 4시 새벽 미사에 사람들의 참석을 종용하는 종을 친다. 이 미사는 'Misa de Gallo' 또는 '수탉들의 미사'라고 불려지는데, 이는 새벽에 수탉들이 울기 때문에 붙여진 이름이다. 9일 동안 사람들은 새벽 미사에 참여하여 기도를 한다. 이 기간에 사람들은 저녁 미사(Simbang Gabi)에도 참석하는데 12월 24일 크리스마스 이브에 사람들은 자정 미사를 드리고 'Noche Buena'라는 가족 연회를 위해 집으로 돌아간다. 집집마다 아름다운 뷔페 식탁이 준비되고, 닭고기와 수프, 룸뻐야, 생선요리, 햄과 돼지고기, 잡채와 국수, 과일과 여러 종류의 후식들이 있다. 필리핀인들이 가장 즐기는 후식은 비빙카(bibingka)인데 쌀가루와 우유, 치즈, 계란으로 만들어진 필리핀식 팬케익이다.

가족 연회에서는 할아버지와 할머니가 아이들에게 선물을 준다. 선물은 일종의 게임과 함께 주어지는데 어린이들이 원을 만들어 서고 동전을 공중에 던지면 달려가 먼저 잡는 사람부터 선물을 나누어 준다. 선물은 옷 같이 간단하고 실용적인 것이 대부분인데, 어린이들은 그 옷을 보통 자정 미사 때 입는다. 그리고 다른 가족들도 서로 선물을 교환한다. 크리스마스 이브의 자정 미사에서 돌아온 가족들은 자지 않고 새벽까지 계속 파티를 한다. 날이 밝으면 어린이들은 친척과 이웃을 방문하기 시작한다. 그들은 집집마다 다니며 장난감이나 돈, 과자나 사탕 같은 것들을 선물로 받는다.

이디오피아

이디오피아의 크리스마스는 330년경부터 축제로 지켜지고 있다. 이디오피아의 콥트 교회는 1월 7일에 크리스마스 행사를 갖는다.

크리스마스 축제는 교회를 중심으로 이루어지는데, 아기 예수의 탄생을 기억하고 그 당시의 모습을 재현한다. 이디오피아인은 '라리베라'라는 도시를 그들의 예루살렘으로 여기고 있다.

크리스마스가 되면 이디오피아인들은 성지인 라리베라로 모여들어 라리베라는 순례자들로 장사진을 이룬다. 이들은 크리스마스 아침을 기다리고 1월 7일의 해가 떠오르면 근처의 산정에서 콥트 교회의 예식에 따라 크리스마스 예배를 드린다.

순례자들은 성직자들이 축복한 빵과 음료를 먹고 마시면서 기뻐한다. 예배 의식이 끝나면 크리스마스 축하 연회를 갖는다.

이집트

기독교 성립 후 처음 300년 동안에는 크리스마스 축제가 없었다. 왜냐하면 온 교회의 관심이 오직 십자가에 못 박히고 부활 승천한 예수 그리스도에만 집중되었기 때문이다. 즉 교회는 성육신에 대해서는 생각하지 않았다. 그러나 시간이 지나면서 기독교 사상가들이 주님의 인성에 대하여 좀 더 깊은 관심을 가지게 되었고, 그때부터 교회도 성육신의 심오한 의미에 눈을 돌리게 되었다.

특히 동방의 기독교인들이 사람의 몸으로 온 하나님의 불가사의한 사건에 대하여 많은 생각을 하였다. 역사적 예수에 대한 관심이 깊어지면서 교회는 크리스마스를 기쁨과 경의로써 축하하기 시작하였다. 오늘 우리에게 알려진 크리스마스에 대한 기록 중 최초는 4세기 초기의 이집트 파피루스에 남은 기록이다. 이 파피루스에는 수많은 손자국들이 찍혀 있는데, 이것은 이미 그 파피루스가 많이 사용되었다는 것을 보여 준다. 그리고 그 파피루스에는 4세기 초에 1월 6일 저녁부터 7일까지 크리스마스를 축하하였다는 것을 보여 준다. 왜 1월 6일을 크리스마스로 지냈을까? 2세기에 있었던 이단 분파인 알렉산드리아의 영지주의 추종자들은 예수께서 세례 받으신 날(1월 6일 또는 10일)을 축제일로 지켰다. 그들은 예수께서 세례를 통하여 신성의 그리스도가 되었다고 믿기 때문이었다. 한편 정통적인 기독교인들은 예수께서 세례를 통해 그리스도가 되었다는 것을 믿지는 않았지만 그 중요성은 인식하고 있었다.

이탈리아

이탈리아에서는 크리스마스가 하루로 끝나지 않고 3주간에 걸쳐 크리스마스 시즌을 갖는다. 이곳에서의 크리스마스는 '9일 기도'의 시작으로 크리스마스 시즌이 시작되어 크리스마스 후 12일째 밤까지 계속된다.

이때 아이들은 이집, 저집을 다니며 크리스마스 캐럴을 부르고 동전을 받기도 한다. 아이들은 이 돈을 모아 맛있는 음식을 사 먹는다. 어른들 또한 악기를 연주하고 캐럴을 부르며 이웃집을 방문한다.

일본

범신론을 믿고 있는 대다수의 일본인들은 크리스마스의 진정한 의미를 마음으로 받아들이지 않으면서도 대단히 화려하게 크리스마스를 준비하며 즐긴다. 일본의 기업가들은 하나의 상품으로 크리스마스를 취급한다. 그리고 일본의 많은 사람들은 '흥청거리며 놀 수 있는 날' 쯤으로 크리스마스를 인식한다.

일본은 기독교인들이 전 국민의 0.5퍼센트밖에 되지 않기 때문에 크리스마스는 공휴일이 아니다. 그러나 거리에는 캐럴이 울려 퍼지고, 젊은 사람들은 파티로 시끌벅적하게 보낸다. 그리고 그것이 끝나 섣달 그믐이 되면 새해를 준비하는 대청소와 떡 찧기를 한다. 대청소 후에는 소나무 가지 장식을 문에다 꽂고 짚으로 만든 것으로 현관을 꾸미며, 둥글게 빚은 떡을 불단이나 신붕(집안에 신령을 모시는 곳)에 올린다. 밤에는 백팔번뇌가 없어지기를 기원하는 뜻에서 제야의 종이 108차례

울리고, 무병장수를 기원하는 연월(음식)을 먹는다.

스페인

크리스마스는 스페인 전역에서 비슷한 방법으로 기념하는 몇 안 되는 축제 중 하나이다. 무엇보다 크리스마스는 가족들의 축제이다. 12월 24일은 예수 탄생 전야인 'Nochebuena(노체 부에나: 좋은 밤이라는 뜻)'이다. 오후에는 스페인 크리스마스의 상징인 '크리스마스 인형(Belen)'을 세운다. 'Belen'은 목동과 양, 낙타를 탄 동방박사(los Reyes Magos) 등의 형상을 나타내는 하나의 건축물이다. 중요한 요소는 'portal'이라고 불리는 마구간의 구유통에 누어 있는 예수와 성 요한, 성모 마리아상이다. 사람들은 이런 'Belen'을 집이나 교회, 학교 심지어 상가 등에 세운다.

Cadiz 지방의 Arcos de la Frontera와 같은 어떤 마을에서는 이런 축제를 위해 마을의 한 부분을 살아있는 'Belen'들로 구성한다.

저녁 식사 후 어린 아이들은 소형 탬버린 등의 악기를 이용해서 크리스마스 캐럴(villancicos)을 노래한다. Jerez에서는 집시들이 'zambombas'라는 악기를 이용한 축제 행사를 연다. 이 축제는 밤새 계속되며 거리나 집의 안뜰에서 아랍 음악을 연상케 하는 크리스마스 캐럴에 장단을 맞추어 춤을 춘다. Navarra지방의 Lesaka나 다른 마을에서는 크리스마스를 축하하기 위해

서 산에서 내려오는 숯쟁이를 상징하는 누더기 옷의 인형이
설치되기도 한다.

러시아

러시아의 크리스마스는 12월 25일이 아닌, 그보다 13일 늦
은 1월 7일이다. 여기에는 역사적 유래가 있는데, 그리스정교
의 전신이었던 동방 정교회는 옛 동로마 제국의 국교로 현 터
키 이스탄불을 중심으로 발달한 기독교 중 하나다. 1500년대
말까지 동방 정교회와 가톨릭 등 전 기독교계는 로마 시절부
터 내려오던 율리우스력을 따랐으나 가톨릭의 교황 그레고리
우스 13세의 제정에 의해 1582년 동방 정교회를 제외한 서구
세계가 그레고리력을 사용하게 됐다. 율리우스력은 그레고리
력보다 매년 11분이 늦어 현재는 총 13일로 차이가 벌어졌다.
이 때문에 율리우스력을 쓰고 있는 동방 정교회권은 크리스마
스 등의 전통 행사들을 서구보다 13일 늦게 맞고 있는 것이다.
이곳 크리스마스 축제의 가장 큰 행사는 서구와 마찬가지
로 크리스마스 이브에 해당하는 '사쳴닉'이다. 러시아의 크리
스마스는 옛 소련 시절엔 무신론의 원칙으로 인해 없어지다시
피 했으나 91년부터 소련 연방의 해체 이후 가장 큰 축제가
되었다.
러시아에도 산타클로스가 있다. '데드 모로자(얼음 할아버
지)'라는 러시아 산타클로스가 있는데, 크리스마스 이브가 아

닌 12월 31일에 온다. 또 한 가지 재미있는 사실은 러시아 산타클로스는 '스네구르카(눈의 아가씨)'라 불리는 여자 파트너와 함께 다닌다는 점이다.

인도

여러 민족과 종교가 뒤섞여 있는 인도에서는 1년 내내 수많은 축제가 열리고 있다. 어떤 것은 계절이 변해 감을 축하하고, 또 어떤 것은 인도의 문화와 깊이 관련되어 있다.

축제의 규모도 전국적으로 성대히 행해지는 것이 있는가 하면, 일부 지역에서 조용히 열리는 것도 있다. 그중에 크리스마스는 큰 행사 중의 하나이다. 기독교인들뿐만 아니라 타종교의 사람들도 크리스마스를 열광적으로 축하한다. 델리, 뭄바이, 켈커타와 같은 큰 도시들에서는 축제 분위기로 고조되고, 크리스마스 바겐세일과 축제 행사가 진행된다.

콩고

기독교도가 아니더라도 크리스마스 행사는 모두가 즐긴다. 하지만 크리스마스 트리로 쓸 만한 전나무는 전혀 자라지 않기 때문에, 콩고인들은 어린 바나나 나무나 야자 나무로 크리스마스 트리를 대신한다.

일반적으로 바하마인들은 정열적이고 신앙심이 깊으며 대

부분 춤과 음악을 좋아한다.

국가 최대의 축제는 연말 크리스마스를 전후로 해서 연시에 2번 개최되는 '중카누(Junkanoo)'라 불리는 행사로 아프리카 흑인 노예들로부터 계승된 축제이다. 이 행사에는 화려하게 꾸민 수백 명의 사람들이 큰 길로 나와 가장 행렬을 하면서 방울을 흔들고, 아프리카 리듬에 맞추어 춤을 추며 즐긴다.

호주, 뉴질랜드

호주를 포함한 열대 지역의 나라들은 크리스마스에도 30도를 웃돈다. 그래서 이들은 크리스마스 파티를 해변에서 즐긴다. 눈사람을 만드는 대신 서핑과 요트를 즐기는 게 색다른 특징이다. 그래서 그런지 크리스마스에 야외에서의 놀이와 게임이 많이 등장한다. 눈 가리기 놀이라든가 숨바꼭질 등 그다지 특출하지 않는 게임들을 하며 단란한 한때를 보낸다.

폴란드

폴란드의 크리스마스는 그들 말로 'Gwiazdka'라고 하거나 '작은 별'이라 한다. 그 때문인지 그들의 크리스마스 장식에는 별이 많이 쓰인다. 전통적으로 그들은 별을 지푸라기라든가 거위의 털들을 촛농으로 이어 붙여서 만들곤 했다.

이들은 크리스마스 트리를 'choinka'라고 부르는데 별은 물론 적색으로 칠한 달걀 껍질, 견과류, 사탕, 색을 입힌 쿠키 등으로 특이하게 장식을 한다. 여기에서 달걀은 탄생의 기적을, 별은 빛의 상징이라고 한다.

폴란드의 크리스마스에서 가장 중요한 것은 'Wigilia'로 이는 가족끼리 보내는 크리스마스 이브의 저녁 식사이다. 밤하늘에 첫 별이 뜨면 집안의 가장은 성스러운 빵을 들고 사랑과 나눔에 대한 말을 하게 된다. 그리고 그것을 모두 식구들과 나누어 먹는다. 또 한가지 특이한 것은 그들이 저녁 식탁 밑에 지푸라기 한 더미를 갖다 놓는다는 것이다. 이는 예수님이 태어난 구유를 의미한다. 그들의 식탁에는 12가지의 음식이 차려지는데 여기에 고기는 올리지 않는다.

이스라엘

예수님이 탄생한 이스라엘 주민들은 대부분이 유대교인으로 크리스마스를 지내지 않는다. 대신 '차누카'라는 명절을 지내는데 차누카는 음력인 헤브루력을 기준으로 하기 때문에 양력으로 늘 같은 날은 아니지만, 시기적으로 대충 크리스마스 즈음이다.

차누카는 마카베오를 기념하는 명절인데, 그는 2,000년 전 이스라엘을 지배했던 시리아인들에게 대항한 사람이라고 한다. 차누카가 되면 이스라엘인들은 메노라라고 부르는 램프의 양초에 불을 켜는데 매일 한 개씩 불을 붙여 8일째가 되면, 여

덟 개의 양초를 모두 켜게 돼 있다. 단, 매일 한 개씩 불을 붙일 때 성냥을 새로 그어 붙이는 것이 아니고 이미 켜져 있는 양초를 이용해 불을 붙인다고 한다. 이 양초들은 '기적'을 의미하는데 사원에서 축성을 마친 올리브 기름 한 통만으로 메노라의 불빛들을 유지하는 것도 이 연유에서이다.

팔레스타인

예수가 탄생한 베들레헴에서는 전 세계에서 모여든 수많은 순례자와 관광객들이 말구유 광장을 비롯한 시가지에서 캐럴을 부르고 폭죽을 터뜨리며 성인의 탄생을 축하한다. 그러나 팔레스타인은 유대인과 반목이 깊고, 예수를 믿지 않는 무슬림들이 대부분이다.

예수는 같은 민족이었던 유대인들로부터 배척을 받았고, 전 세계인이 축하하는 크리스마스에 정작 유대인들로부터는 현재에도 그다지 환영을 받지 못한다. 그리고 예수가 태어난 베들레헴 지역은 이슬람인들이 차지하고 있어 관광객들만 오고 갈 뿐이다. 성경에 기록된 대로 "또 가라사대 내가 진실로 너희에게 이르노니 선지자가 고향에서 환영을 받는 자가 없느니라."(「누가복음」 4장 24절)가 이루어진 것인가?

아기 예수의 탄생 이야기

  예수가 이 땅에 태어날 때 유대의 베들레헴은 로마가 통치하던 식민지 가운데 하나로 로마 황제가 임명한 헤롯왕이 지배하고 있었다. '대헤롯'이라 일컫는 헤롯왕은 B.C. 37년부터 B.C. 4년까지 30년간 유다 왕국을 통치했다. 그는 예수의 탄생 소식을 듣고 자신의 왕권이 위협을 받을 것을 두려워하여 아기 예수를 죽이겠다고 덤비다가 순진무구한 아이들만 무수히 죽이고, 그 자신도 그해(B.C. 4년)에 죽고 만다.

  말라기 선지자 이후 예수가 태어나기 약 400년 동안 유대는 암흑의 시기였다. 사람들은 메시야가 태어날 것이라는 믿음을 버리지 않았고 유대인들은 제사장의 인도로 예루살렘 성

전에서 예배를 드렸는데, 어느 날 제사장 사가랴가 순서에 따라 예배를 드리러 성소에 들어갔다. 그러나 그가 너무 오랫동안 성소에서 나오지 않았고, 사람들은 성소에서 무슨 일이 생겼음을 직감했다. 오랜 시간이 흐른 뒤 성소에서 나온 사가랴는 이미 말을 하지 못하고 벙어리가 되어 버린 상태였다. 집으로 돌아온 사가랴에게 그의 처 엘리사벳이 깜짝 놀라며 그 이유를 묻자, 제사장 사가랴는 종이에 글을 써서 보여주었다. "성소에서 기도하고 있을 때에 천사가 나에게 와서 말해 주었오. 우리에게 아들이 생길 것이니 놀라지 말고 그 이름을 요한이라고 지으라고 했오. 그리고 이 아이는 곧 오실 메시야의 앞길을 평탄케 하기 위하여 태어난 것이라고 했오. 우리 부부가 나이가 많아 아이를 낳을 수 없는 것을 알고 내가 비웃자 천사는 나에게 말을 하지 못하도록 했오." 이 글을 읽은 엘리사벳 역시 천사의 말을 의심했으나 남편이 벙어리가 된 모습을 보고 믿기 시작하였다.

제사장 사가랴에게 나타났던 가브리엘 천사는 6개월 후에 엘리사벳의 사촌인 마리아에게 나타났다. 마리아는 이미 결혼하기로 약속한 나사렛의 목수 요셉이 있었다. 마리아에게 나타난 가브리엘 천사는 아들을 낳게 될 것이라고 알려주었다. 그는 하나님의 아들로서 하나님이 직접 잉태하게 하신다는 것이었다. 마리아는 처녀인 자신에게 이런 일이 일어나는 것은 말도 되지 않는다며 항변했다. 하지만 천사의 말을 거역할 수는 없었다.

천사의 계시대로 제사장 사가랴는 아들을 낳았고, 이름을 요한(하나님이 은총을 내리셨다)이라 지었다. 계시가 성취되자 그 기쁨에 넘쳐 찬양을 하려 했고, 그러자 그동안 닫혀 있던 입이 열리면서 다시 말을 할 수 있게 되었다. 그래서 찬양하기를 "이스라엘의 주이신 하나님께 영광이 있으시기를, 주님은 그 백성들을 구원하시는구나. 내 아들아! 너는 지극히 높으신 하나님의 예언자가 될 것이다. 주님이 이 땅에 오시기에 앞서 예비하는 사람이 될 것이다."라고 찬송하였다. 바로 이 사람이 후에 예수에게 세례를 베푼 세례 요한이다.

한편 나사렛 목수 요셉에게도 천사가 나타났다. 그 천사는 요셉에게 말하기를 "하나님께서 그대의 징혼녀 마리아를 그리스도의 어머니로 택하셨습니다. 아이가 태어나면 이름을 예수라고 지으십시오. 그는 사람들을 죄로부터 구해 줄 분이십니다."라고 말했다. 다음날 아침 일찍 요셉은 서둘러 마리아를 찾아와 천사의 이야기를 전하자 마리아도 자신이 만난 천사 이야기를 들려주었다. 이렇게 되어 하나님의 뜻이 자신들에게 임함을 알고 그들은 곧 결혼을 했다.

마리아는 목수인 요셉의 작업장 근처에 가정을 꾸리고, 하루의 일과가 끝나면 두 사람은 지붕에 올라 별을 보며 하나님이 자신들에게 약속한 이야기를 나누며 지내고 있었다. 그러던 어느 날 요셉은 읍내에서 좋지 않은 소식을 들었다. 로마 황제 아구스도가 유대에 사는 모든 사람들에게 이름과 주소와 재산을 등록하도록 명령을 내렸다는 것이다. 로마는 식민지

지배를 좀더 용이하게 하기 위해 이와 같은 호구조사를 강행한 것이었다.

요셉은 다윗의 자손이어서 고향인 베들레헴으로 마리아와 함께 가야만 했다. 마리아는 임신 중이었지만 예외가 될 수는 없었다. 아구스도는 호구조사에 어느 누구의 예외도 인정하지 않았기 때문이었다.

나귀 등에 약간의 식량을 싣고 마리아를 태운 채로 요셉의 가족은 베들레헴으로 향하여 길을 떠났다. 며칠이 걸려 드디어 베들레헴에 도착했지만, 당시의 베들레헴은 매우 작은 마을이었고 여러 지방에 흩어져 살던 사람들이 갑자기 몰려드는 바람에 쉽사리 방을 구할 수 없는 형편이었다. 아내가 임신 중이라 요셉은 방을 구해볼 요량으로 이리 뛰고 저리 뛰어보았지만 방 한 칸 얻을 수 없었다. "아내가 임신 중이고 해산할 때가 되어 아무 곳이나 묵을 곳이 필요합니다."라며 간청한 끝에 빈 마구간 하나를 발견하였고, 다급해진 그들은 마구간에서 하루를 보내기로 하였다.

이날 밤, 저 멀리 성 밖의 언덕에서 양을 지키고 있던 목자들은 전국에서 모여든 나그네들에 관한 이야기며 아구스도 황제가 이번 호구조사를 통해 세금을 더 거둬들일 속셈이 있다는 이야기, 점점 더 심해지는 로마 왕의 지배에서 어떻게 벗어날 수 있을까 하는 이야기, 어서 빨리 메시야가 와야 한다는 이야기를 하고 있었다. 이때 갑자기 빛나는 광채가 목자들을 에워쌌고, 목자들은 순간 말을 할 수 없는 공포에 사로 잡혔다. 그러자 천사가 나타나 그들을 안심시키며 말하기를 "놀라지 마십시오. 나는 모든 사람을 위해 큰 기쁨을 알리러 왔습니다. 오늘 다윗의 마을에 당신들이 기다리던 메시야가 탄생하셨습니다. 그분은 그리스도 주이십니다. 당신들은 구유에 누인 아기를 보게 될 것입니다."라고 하였다.

이 놀라운 광경에 넋을 잃고 있던 목자들은 정신을 차리고 천사가 말한 베들레헴으로 달려가기 시작했다. 마을로 들어온 목자들에게 별빛은 아기 예수가 태어난 마구간으로 그들을 인도했고, 목자들은 구유에 누인 아기 예수에게 경배했다.

한편 동방박사들에게도 큰 별이 나타났고, 이 별을 보고 동방박사들은 분명 인류를 구원할 메시야의 탄생을 알리는 것이라고 생각하여 큰 별을 따라 예루살렘까지 찾아왔다. 유대의 사정을 잘 알지 못했던 동방박사들은 왕의 신분으로 오는 메시야라면 당연히 왕궁에서 태어날 것이라고 생각하여 헤롯의 궁으로 갔다. 그리고 궁에 있던 사람들에게 "유대인의 왕으로 나신 분이 어디 계십니까? 우리는 동방에서 그분을 만나기 위해 별을 보고 왔습니다."라고 말하였다. 이 말은 곧바로 헤롯왕에게 전달되어 예루살렘은 큰 소동이 일어났다. 헤롯왕은 율법 학자들과 제사장들을 모아놓고 그리스도가 태어날 곳을 따져 물었고, 그들은 다음과 같은 성경 구절을 인용해 유대 베들레헴을 지목하였다.

유대 땅 베들레헴아

너는 유대 고을 중에 가장 작지 아니하도다.
내게서 한 다스리는 자가 나와서
내 백성 이스라엘의 목자가 되리라 하였음이니이다.

헤롯왕은 동방에서 온 박사들을 몰래 불러들여 그 별이 나타낸 때를 자세히 묻고, 베들레헴으로 보내며 말하기를 "가서 그 아기를 잘 찾아보고, 찾거든 내게 알리시오. 나도 가서 그에게 경배하기 위해서요."라고 말했다. 하지만 실상 헤롯왕의 본심은 그리스도를 실지로 경배하고자 함에 있었던 것이 아니라, 자신의 자리를 위협하는 유대인의 왕이 될 자를 찾아가 제거하려는 데에 있었다.

동방박사들이 헤롯궁을 벗어나자 또다시 별이 나타나 그들을 베들레헴으로 인도했다. 드디어 긴 여행의 목적지가 보이기 시작했다. 지금까지 인도하던 별이 더 이상 움직이지 않고 예수가 태어난 마구간 위로 빛을 비추었던 것이다. 이들은 아기 예수 앞에 무릎을 꿇고 엎드려 경배한 다음 보물 상자를 열어 황금과 유향과 몰약을 바쳤다.

이날 밤 박사들은 꿈을 꾸었는데, 그 꿈에 천사들이 나타나 돌아갈 때에 헤롯에게 찾아가지 말고 하나님의 지시를 받아 딴 길로 가라는 지시였다.

그날 밤 요셉 또한 꿈을 꾸었다. 그리고 "헤롯이 아기를 찾아 죽이려 한다. 너는 아기와 마리아를 데리고 이집트로 피난을 가서 나의 지시가 있을 때까지 거기서 기다려라."라는 메시지를 듣게 된다. 꿈에서 깨어난 요셉은 그 자리에서 바로 아기 예수와 어머니 마리아를 데리고 이집트로 떠났다.

이 때 헤롯은 유대인의 왕이 태어났다는 소식은 들었는데 어디에 있는지, 과연 누구의 자식인지에 대해서는 전혀 아는 바가 없어 답답한 상태였다. 시간이 지나도 박사들이 돌아오지 않자, 자신이 속은 것을 알고 극도로 흥분하여 헤롯은 쫓기는 심정으로 유대에 있는 두 살 이하의 어린이들을 모두 죽이기 시작했다. 이 사건에 대해 일찍이 예언자 예레미야가 다음과 같이 예언하였다고 「마태복음」은 전하고 있다.

라마에서 들려오는 소리
울부짖고 애통하는 소리
자식을 잃고 우는 라엘
위로마저 마다하는구나.

흔히 '대헤롯'이라고 불리는 헤롯왕은 주전 37년부터 30여 년간 유다를 통치했다. 그가 죽은 후에도 그의 아들들, 곧 아켈라오, 헤롯 안티파스, 헤롯 빌립이 분봉왕이 되어 다스렸고, 그 후에 손자인 헤롯 아그립바 1세가, 그리고 후에는 증손자인 헤롯 아그립바 2세가 다스렸으며 그의 사후에도 그들의 통치는 계속되었다.

그런데 헤롯에게는 두 가지 큰 약점이 있었다. 그 중의 하나는 그의 혈통이 에돔족(이두매족)이라는 것이요, 또 하나는 헤롯 자신이 유다의 정통 왕조 하스몬 왕가를 직접 무너뜨린 장본인이라는 것이다. 그의 혈통이 유다족이 아닌 이두매족이라는 사실은 두고두고 헤롯에게 열등감으로 작용했다. 또한 유다의 정통 왕가를 무력으로 멸망시키고 자신이 왕좌에 앉았기 때문에 헤롯에게는 언제나 정통성의 부재라는 열등의식이 있었다. 유대의 왕이 태어났다는 소식에 그가 그토록 긴장했던 것은 바로 이러한 이유 때문이었다. 결국 그는 수많은 사람들을 죽이고 왕가를 세울 때처럼, 두 살 이하의 어린 생명들을 몰살시키면서까지 자신의 왕좌를 지키고자 했다.

뿐만 아니라 헤롯은 자신이 무너뜨린 하스몬 가의 남은 사람들마저 제거했다. 헤롯 자신이 하스몬 가의 공주와 결혼했으면서도, 그는 처가를 몰살시킨 것이다. 헤롯의 처남인 젊은 대제사장 아리스토불루스 3세를 첫 번째 희생양으로 B.C. 35년에, 82세가 된 노인인 전직 대제사장 히르카누스 2세를 B.C. 30년에, 헤롯왕의 처 마리암네를 B.C. 29년에 죽였으며, 장모인 알렉산드라는 B.C. 28년에 죽였다.

그러나 헤롯은 이 정도로 만족하지 않았다. 죽은 마리암네가 낳은 아들들이 마음에 걸렸기 때문이다. 마리암네와 그의 측근들인 하스몬 가의 사람들이 처형된 것은 하스몬 가를 동정하는 유대인들이 자신을 몰아낼 것에 대한 두려움 때문이었다. 결국 그는 두 아들 알렉산더와 아리스토불루스를 대역죄인으로 몰아 B.C. 7년에 처형했다.

그뿐만이 아니었다. 그의 첫째 부인에게서 난 안티파터란

아들이 다음에 그의 후계자로 지목되었지만, 헤롯은 이 아들도 그냥 놔두지 않았다. 자신의 아들이 일찍부터 왕의 행세를 하는 것이 못마땅했기 때문이다. 헤롯은 죽기 직전인 B.C. 4년 3월에 임종을 며칠 앞두고도 장자인 안티파터의 처형을 명령했다. 헤롯은 결국 후계자로 정해졌던 세 아들을 모두 죽이고 4일 뒤 자신도 죽게 된다.

아기 예수는 "내가 이집트에서 내 아들을 불러내었다."는 구약의 예언대로 되었다. 헤롯이 죽은 후에 이집트에 있던 요셉에게 천사가 나타나 "아기 예수의 생명을 노리던 자들이 죽었으니, 너는 아기와 어머니를 데리고 이스라엘로 돌아가거라."라고 말하였다. 이에 요셉은 꿈에 지시한 대로 아기 예수와 어머니 마리아를 데리고 이스라엘로 돌아 나사렛이란 동네에서 살게 된다. 그래서 예수를 가리켜 훗날 "나사렛 사람"이라고 부르는 것이다. 이것 역시 성경에 그대로 예언되어 있었다.

아기 예수는 하나님의 보호와 인도하심으로 자랐고, 어두움으로 가득 찬 사람들의 빛으로 떠오르기 시작하였다. 예수 그리스도를 통해서 인류는 구원을 얻게 되었고, 지금도 수많은 사람들이 그를 따르고 있는 것이다. 크리스마스는 누가 뭐라 해도 예수 그리스도가 주인이고, 그의 탄생일로 지켜질 때 비로소 진정한 크리스마스가 될 것이다.

참고문헌

강영수, 『유태인 오천년사』, 청년정신, 2003.

기독교대백과사전편찬위원회 편, 『기독교대백과사전』 14권, 기독교문사, 1984.

데이비드 F. 힌슨. 이후정 옮김, 『이스라엘의 역사』, 컨콜디아사, 1983.

스튜어트, J. S. 문창수 옮김, 『예수의 생애와 교훈』, 정경사, 1977.

유재덕, 『교회사 이야기』, 호산, 1996.

이요섭 엮음, 『크리스마스 캐롤과 이야기』, 세광음악출판사, 1992.

정인찬 편, 『성서대백과사전』, 기독지혜사, 1985.

킷텔, G. & 프리드리히, G. 번역위원회 옮김, 『신약성서신학사전』, 요단출판사, 1986.

한국컴퓨터선교회 인터넷 크리스마스(http://kcm.co.kr/Christmas/)

Greek New Testament, UBS-1984, 2-30M-GBS, United Bible Societies, 1983.

크리스마스

초판발행 2004년 11월 30일 | 2쇄발행 2008년 11월 20일
지은이 이영제
펴낸이 심만수 | 펴낸곳 (주)살림출판사
출판등록 1989년 11월 1일 제9-210호

주소 413-756 경기도 파주시 교하읍 문발리 파주출판도시 522-2
전화번호 영업·(031)955-1350   기획편집·(031)955-1357
팩스 (031)955-1355
이메일 book@sallimbooks.com
홈페이지 http://www.sallimbooks.com

ISBN 89-522-0310-0 04080
       89-522-0096-9 04080 (세트)

값 3,300원